公司金融入门

Short Introduction to CORPORATE FINANCE

[英] 拉格范德拉·劳（Raghavendra Rau）◎著
张双双　景麟德◎译　贲圣林　肖炜麟◎校

ZHEJIANG UNIVERSITY PRESS
浙江大学出版社

金融:大道至简 知易行难

出版社建议我写个序。我很高兴推荐拉格范得拉·劳教授的《公司金融入门》这本书。不仅仅是因为劳教授是我的朋友,出版中文版是履行我对朋友的承诺,我在2017年、2018年访问剑桥与他相会时曾经承诺会把他的书翻译成中文,让更多的中文读者所了解;也不仅仅是因为两位年轻的金融从业者优美的翻译和浙大李红霞能干的组织,他们在紧张的主要工作之余高效地完成了本书的翻译,为本书堪称破纪录的出版周期奠定了基础!真正打动我的是劳教授能够把公司金融这样一门复杂的学科归纳总结为区区六个基本的概念和理论:净现值、投资组合理论与资本资产定价模型、资本结构理论、期权定价理论、信息不对称和市场效率。这种复杂问题简单化的方法让金融的门外汉觉得金融不再那么高不可攀,让金融的实践者感到理论与实践不再那么脱节,让金融的教育者感到教学中不再没有好工具、好抓手。一句话,这本书可谓是公司金融方法论的大道至简!

但金融有这么简单吗?我从事金融实务多年,中间很多时候有过关于金融的困惑,其中一个莫过于许多金融业者热衷于用一些玄乎且模糊的新名词,似乎这样才能显得金融行业“高大上”,但这常常让金融消费者(不仅仅是个人消费者)云里雾里,胆子大一点的(不怕“丢脸”)还会追问一下，大多数则底气不足觉得问多了会显得自己水平低，导致许多金融解决方案并没有很好地解决问题。这也难怪金融服务业销售人员中常有一句调侃：如果你不能把他们（客户）说服，就让他们糊涂。（If you cannot convince them, confuse them.）

金融究竟有什么特殊？它又有多么复杂？为什么金融行业赚钱多、待遇好？有多少"特殊性""复杂性"是虚假的幻觉甚至是人为故意使然？我在金融行业工作时这些问题就一直困惑着我，2014 年更是跟随着我到了安静的校园。在我思考这些问题的同时，一场信息科技革命已在席卷世界，更在重构金融行业的格局与结构，特别是客户交互层面；这几年，金融系毕业生高居薪酬排行榜第一的历史已被改写，计算机系的毕业生一路高歌猛进，因为金融行业的数字化转型正在去中介化，减少客户营销人员，改变行业人才需求和技能的结构；这几年，数字技术革命让许多企业更多地轻资产化运营，改变了公司资本结构并挑战传统的资本结构理论；这几年，量化宽松政策的全球化实施使得低利率甚至负利率成为常态，动摇了资金时间价值、投资组合和折现率的传统理论基础；这几年，大数据时代的来临一方面让信息不对称问题得到一定的缓解，但海量数据和虚假信息又似乎让信息不对称的问题加剧，影响我们期待中的市场效率；这几年，全球从经济到政治再到技术各个层面的"脱钩""退群"等情况又加大了市场的震荡和不确定性，使得期权价格理论接受新时代新场景的实践检验成为可能也成为必要。这一切又让看似简单的金融显得更加复杂，这也暴露了金融真面目的另一面：知易行难。

大话不谈，但愿这本书能有助于我们更理性地认清金融：不用惧怕金融，因为大道至简；然而要敬畏金融，因为知易行难！

贲圣林教授

浙江大学国际联合商学院院长

2021 年 1 月 26 日于杭州金融科技中心

中文版序

在过去几十年里，中国金融市场蓬勃发展。随着新兴金融平台和阿里巴巴、腾讯等科技巨头的出现，中国的金融投资机会呈爆发式增长。我觉得，本书中文版的问世恰逢其时，对于正在变革中的中国金融市场及其与全球市场之间的联系，中国的学者与学生们比以往任何时刻更为关注，对于金融知识的了解与潜在投资机会的捕捉也比以往任何时刻更为渴求。我非常高兴地希望，本书能帮助那些觉得金融是一门令人生畏、生涩难懂的学科的中国读者，在没有任何语言障碍的情况下，破解金融这个“谜团”。

本书旨在拨开金融术语的迷雾，围绕一个最基本的真理“在充分竞争市场中没有免费的午餐”(用行话表达就是，在充分竞争市场中套利是不可能的)，用六个浅显易懂的基本理论来阐述公司金融。

金融的大部分内容其实一点都不复杂。公司金融中的所有事情都可以用六个基本理论中的一个或多个来解释。这六个基本理论是:净现值、投资组合理论与资本资产定价模型、资本结构理论、期权定价理论、信息不对称理论和市场效率。其中，后五个理论均获得了诺贝尔奖。本书将对为什么这六个理论如此重要、为什么它们能获得诺贝尔奖，以及它们是如何相互作用的等问题进行探讨。

更好地理解这六个理论能帮助个人和企业在处理某些金融事务时更得心应手，无须求助于收费昂贵的财务顾问。

如果我想修好我的车，那么修理工抛出的话越生涩难懂，我就越为自己没有试着修理汽车而感到庆幸（越愿意支付这笔巨额的修车费用）。在金融领域，术语越费解，你就越不愿意自己理财。为了更好地理解期权，我们以预订酒店房间为例，可退款与不可退款的房价差异就是取消期权的价值。

所以，如果你对“债券的到期收益率”与“投资的内部收益率”的区别感到困惑的话，请放心，不是只有你对此表示困惑，这些短语其实完全是在说同一件事，但让外行们迷惑不解。在本书中，我希望跳过这些术语，关注所有金融理论背后的基本思想。

我希望，本书标志着我和中国读者之间长期对话的开启。在此，由衷感谢浙江大学团队，特别是浙江大学国际联合商学院、浙江大学互联网金融研究院和浙江大学出版社，是你们让这一切成为可能。

拉格范德拉·劳

2020 年 6 月

序

《公司金融入门》是当代金融制度实践中一本通俗易懂的入门书。拉格范德拉·劳(Raghavendra Rau)教授凭借他丰富的专业知识及多年的MBA与研究生教学经验,对公司金融的关键概念和理论进行了生动的讨论,并以真实世界中的大量例子进行说明。围绕公司金融的六个关键理论,劳教授创造了一个涵盖过去半个世纪以来所有主要金融理论的综合性框架。该书不仅仅对学生与金融实践者有益,也将是有志成为高级管理人员的读者的核心阅读书目。

拉格范德拉·劳教授是英国剑桥大学嘉治商学院(University of Cambridge's Judge Business School, CJBS)罗斯柴尔德金融教授。他还是英国剑桥大学新兴金融研究中心(Cambridge Center for Alternative Finance, CCAF)主任、欧洲金融协会前主席、《金融管理》(*Financial Management*)杂志前编辑。劳教授曾在2008—2009年担任当时全球最大的资产管理公司——巴克莱——的全球资本主席,目睹了当年的金融危机。他的研究成果经常被《纽约时报》《金融时报》《华尔街日报》《经济学人》等主流媒体报道,并在2015年获得了搞笑诺贝尔(Ig Nobel Prize)管理学奖,该奖项颁发给"乍看之下令人发笑,之后发人深省"的研究。

剑桥大学管理学通识系列

剑桥大学管理学通识系列是一套短小权威及价格合理的入门书，适用于工商管理硕士和修读管理课程的高级管理人才。每本书都经过了全面的课堂检验，尽管讲师会选择推荐丛书中的一部分作为某一课程的预习材料，但每本书都是独立存在的，对于特定学科的入门学习很有价值。丛书由世界顶尖商学院专家编写，同样强烈推荐给任何准备学习高级管理资格的同学。

丛书顾问

理查德·巴克尔(Richard Barker)：牛津大学萨伊德商学院

卡里库·珀爵士(Sir Cary L. Cooper CBE)：曼彻斯特大学

托马斯·卡明斯(Thomas G. Cummings)：南加州大学

玛丽劳尔·杰利奇(Marie-Laure Djelic)：埃塞克商学院

莫罗·吉伦(Mauro F. Guillén)：宾夕法尼亚大学沃顿商学院

霍华德·托马斯(Howard Thomas)：新加坡管理大学

已出版

理查德·巴克尔(Richard Barker)：《会计学》(*Accounting*)

卡肖(Cascio) & 布德罗(Boudreau)：《人力资源战略管理》(*Strategic Human Resource Management*)

安德森(Andersen)：《战略管理》(*Strategic Management*)

即将问世

尼科尔森(Nicholson) & 考夫兰(Coughlan)：《运营管理》(*Operations Management*)

更多补充资料，请访问丛书网站：www.cambridge.org/csi。

前 言

金融通常被认为是最令人生畏的领域之一，只有对数字高度敏感的人才能玩转。这一观念又被一系列的金融术语所强化，诸如抵押担保证券、夹层融资、反向浮动债券发行、逆回购、量化宽松等。由于很多人讨厌数学，那些精通数学的金融专业人士成功地利用这些金融术语获得了过高①的薪水。但当这些金融机构过于激进，冒了太多风险，使经济陷入衰退时，普遍的看法是政府似乎可以帮助他们摆脱困境，这对银行家来说是双赢，对纳税人来说却是双输。②

金融专业人士理应受到这样的批评吗？或者说，既然他们的工作如此高难度与复杂，他们理应得到那么高的薪水吗？事实证明，大多数的金融其实并不复杂。金融最核心的部分由六个基本理论所组成，其中五个理论的提出者被授予了诺贝尔奖。公司金融中的一切都可以用一个或多个基础理论来解释。

至于术语呢？术语是非常有用的。它能快速、精准地告诉其他专业人士什么是特定类型的金融安全。然而，同一件事就有很多种不同的术

① 不是金融专业人士所说。

② 见注释 1。

语表达[①]，对术语泛滥的一种更好的解释是，它能帮助那些完全云里雾里的外行。事实上，对于外行来说，术语也许能让他们感到舒适。如果我想修好我的车，修理工抛出的话越生涩难懂，我就越为自己没有试着修理汽车而感到庆幸，越愿意支付这笔巨额的修车费用。在金融领域，术语越费解，你就越不愿意自己理财，越愿意相信那些承诺处理这些必要术语[②]的金融顾问。在这本书中，为了不搬起石头砸自己的脚，我将尽力避免说所有不必要的术语。当然，完全不使用术语是不可能的[③]，但在使用术语之前，我会尽可能先直观地定义每一个术语。

尽管这些年金融领域有一些负面报道，但这些基本观点并没有改变。对资产评估的不懈追求也许是金融领域智力成就的顶峰。公司金融学科的出现和实践加速了社会的创新和发展，从长远看，也显著提高了人们的生活水平。

我希望，用直观的方式理解这六个具有开创性的理论将帮助大家理解这个不断扩张的智力领域的挑战、令人兴奋的事物与希望，也让你感受到这个领域的魔力、日常关联与乐趣。

书中，我将把金融的六个理论简化为一个最朴素的真理：在一个竞争市场中是没有免费的午餐的。用行话表达就是，在一个充分竞争市场中，套利是不可能存在的。再换句话说，金融学中只有一个大的理论，那就是没有免费的午餐。没有人会免费给你任何东西。

没有免费的午餐构成了我们理解金融领域中一切事务的基础。为了理解这是如何做到的，我们将在第一章中先了解谁是金融市场中的主要参与者以及他们的动机是什么。

---

① 一个简单的例子就是债券的到期收益率和投资的内部收益率，其实是同一个意思。

② 大概是金融顾问所说。

③ 有时候你的确需要有明确定义的快捷方式，不然你会经常需要用很复杂的词语来解释一个简单的术语。就像在法语中用冗长的“courrier électronique”来表示 E-mail，后来就很少再用“courriel”这个词了，被 E-mail 所取代了。

译者致谢

本译著的出版得到了浙江大学国际联合商学院(ZIBS)未来发展基金的资助。在此一并感谢ZIBS金融科技总裁班校友胡紫岚、安德鲁·斯温(Andrew Swain)、傅海松、顾周磊、仇剑锋、钱志龙、裘至钧、徐宝春对学术事业的支持!

致 谢

特此感谢邦尼·劳(Bunny Rau)、凯特·贝尔杰(Kate Belger)、桑吉夫·戈亚尔(Sanjeev Goyal)、安德鲁·卡洛里伊(Andrew Karolyi)、穆斯塔法·勒伊克(Mustafa Leeq)、拉古·劳(Raghu Rau)、斯科特·塞耶(Scott Thayer)、纳雷什·弗兰德(Naresh Verlander),尤其感谢凯西·卡尔(Kathy Kahle)和克莱夫·加利耶(Clive Gallier)对本书的初稿给予了详细评论。

目 录

图目录

表目录

第一章　公司金融参与者

学习要点

- 公司金融参与者及其目标
- 公司金融的六个理论

公司金融主要有四个参与者：公司、投资者、金融中介和政府。 1

当我们说起公司时，我们会联想到那些深藏不露的大型企业。在美国，他们被联邦最高法院赋予言论自由的权利，或许还享有携带武器[①]与使用致命武器进行自我防卫的权利[②]。然而，一家公司不必很大，也不一定非要有能从公开市场买到的股票，有些企业甚至可以不是有限责任公司。在此书中，我所指的公司是最广义概念上的，他们就是为了一个共同目标在一起工作的一群人。街角的咖啡馆符合这个定义，微软公司亦符合。公司可以只有一个所有者，也可以有上百万个不同的所有者。归根结底，他们就是一个在一起工作的群体。

公司关注哪些事情呢？大体上与我作为个体所关心的财务问题是

---

① 给了“公司战争”一个全新的含义。

② 截至本书撰稿之时，美国联邦最高法院尚未授予公司最后两项权利。

一致的。如果让我思考两个最重要的财务问题,那么首先是如何赚钱,其次是如何花钱①。

这同样也是一家公司所面对的问题。如何花钱,就是投资决策;而如何筹钱,就是融资决策。公司管理者所做的决策无外乎投资决策和融资决策。举个例子,公司管理者给员工升职,就是投资决策,是公司对人
2 力资本的投资。如果公司选择了投资其员工,那么公司必然在其他方面要减少投入,如新的机器设备。换言之,投资决策不仅仅包括对工厂、设备等实物资产的投资,还包括对能为公司未来发展产生收益的任何类型的资产的投资,包括市场、战略、组织行为或供应链管理等领域的投资。

公司从哪里筹集资金呢?可以直接从个人或代表个人的金融中介处筹集。作为个人,借钱给这家公司并不是你的唯一选择,它只是众多公司中的一家,所有的这些公司都为不同的风险程度提供了不同的收益回报。作为个人,你希望以最小的风险获得最高的收益②,这就是投资者的投资决策。在所有公司提供的所有合约中,对哪个合约能以最小的风险获得最高的收益这一问题的考量同样也对你选择把钱委托给哪家金融中介来替你理财产生影响。你希望金融中介能为你找到一份收益率最高、风险最低的资产,同时这家中介的收费也是最便宜的。不过遗憾的是,由于这些令人生畏的金融术语,人们最终向中介支付了过多费用。因为中介有足够的动机夸大自身业务的复杂性,然后将表面上的复杂性与服务质量进而与收费相挂钩。一些银行和金融中介的批评人士认为,这些中介通过模糊处理成功地保持了自身业务的神秘性,如果客户要享受这些服务,就必须继续支付高昂的费用。事实上,事情也并没有那么简单。这些机构及其部分员工也并不总是反面角色。他们的作用其实很重要,如帮助你节约时间,帮助你监督与进行交易搜寻,如果没

① 如果我们正确地运用金融理论,我们实际上在花钱之前都不需要先赚钱。

② 如果你想获得一个收益最高、风险最小的投资机会,请在私下随时联系笔者。

有他们，个人及公司或许会面临更高的融资成本。

金融中介究竟是做了什么重要的事情呢？他们最主要的角色之一就是经纪人[①]。他们连接起资金提供方（投资者）与资金需求方（公司），提供撮合交易的服务，并为此收费。他们同时为公司及其管理人在资产 3
价格或价值、支付金额方面提供咨询。金融中介既可以代表投资者也可以代表公司。代表投资者的中介包括共同基金、对冲基金。他们从投资者处筹得资金，许诺将资金投资于风险最低、回报最高的资产，他们以收取投资服务费来赚钱。另一种中介机构是商业银行。银行从个人处获得存款，并以贷款的形式将这些存款贷给公司。他们赚取贷款利率与存款利率之间的差额部分。银行还可以根据不同期限资金的收益率与到期期限之间的关系，即利率期限结构（term structure of interest rates），管理贷款与存款的期限结构，从而大量获利。投资银行是另一种形式的中介，他们为公司融资、购买其他公司（收购），为其他企业活动提供咨询服务，通过收取高额的服务费来赚钱。

政府是金融市场的最后一部分参与者。政府对经济通常有三种影响。

第一，再分配。政府将资金从一个部门调配至另一个部门。这种调配有时候是有效的，因为政府将资金调配到了生产效率更高的部门。但有时也未必有效，因为那些大声抱怨的部门得到了大量拨款，而没有抱怨的部门却被拿走了资金。后者的典型例子就是补贴。通常来说，补贴能惠及某一特定的经济领域，却损害了其他纳税但未收到补贴的行业。房贷税收减免是一种以牺牲租户利益来补贴房东的政策。食糖进口关税则损害了广大食糖消费者的利益，来使一小部分食糖种植者受益。政府的税收与补贴政策在公司财务与个人财务决策中扮演了重要的角色。例如，个人和企业所面对的税率表中的各种税率对于企业评估某个投资 4

① 类似于房产中介和婚姻介绍所。

或项目的可行性至关重要。同时，债务利息(interest on debt)是可以抵税的，而支付给股东的股利(dividends)却不能，这对于公司融资方式的选择有着十分重要的影响。政府负责管理本国货币及其汇率波动，这对企业和个人也具有现实意义，尤其对那些以外币为主要现金流的国际贸易从业者来说更为重要。通货膨胀率(inflation rate)也是政府试图直接或通过央行间接管控的一大方面，通胀率对于实际利率(real interest rate)和名义利率(nominal interest rate)结构至关重要，而实际利率和名义利率结构在投融资决策中又起到了重要作用。

第二，乘数效应。在经济衰退时，一些经济学家认为，政府应扩大内需，如花钱铺路，甚至挖洞。于是工人们消费他们的工资，给企业提供更多现金，然后企业又能用这些现金雇用更多工人，发更多工资。更优情况是，政府投资不会排挤走可能发生的私人投资，而这些投资是公司本身就会做的。通过税收与消费来推动经济发展，就是财政政策或需求管理政策，是约翰·梅纳德·凯恩斯(John Maynard Keynes)[①]在 20 世纪 30 年代后期开出的特别处方的核心。当政府的支出与收入之间有缺口时，政府就会举债来填补缺口，其中就涉及政府设定一个怎样的价格发债。这同样对公司金融的理论与实践产生影响。大多数的政府对本国的经济增长(用人均 GDP 衡量)、生产率、失业率、卫生状况、国际收支平衡与总体物价通胀水平负责。这些政府行为本质上是宏观经济学课程的主题，超出了本书的讲授范围，但它们影响了在企业和个人投融资决
5 策中起到重要作用的变量。例如，我们会在接下去的内容中讲到，无风险利率(risk-free interest rate)是影响企业及个人投融资决策的关键变量，可以用短期或长期的(5 年、10 年，甚至 30 年)政府基准债券

① 约翰·梅纳德·凯恩斯(1883 年 6 月 5 日—1946 年 4 月 21 日)，英国经济学家，现代经济学最有影响的经济学家之一，他创立的宏观经济学与弗洛伊德所创的精神分析法和爱因斯坦发现的相对论一起并称为 20 世纪人类知识界的三大革命。凯恩斯因开创了经济学的“凯恩斯革命”而称著于世，被后人称为“宏观经济学之父”。——译者注

(government benchmark debt)作为无风险利率，而利率则取决于政府的财政预算状况。无风险利率是折现率(通过资本资产定价模型，将在接下去的内容中讲到)计算的关键，折现率又是企业投资决策的必要参数。

第三，监管。政府通过监管告诉投资者与企业哪些是他们能做的，哪些是不能做的。政府在营造监管环境方面发挥了积极作用。企业和个人也会在投融资决策中考虑监管环境。

图 1.1 归纳了市场参与者及其相互关系。

6

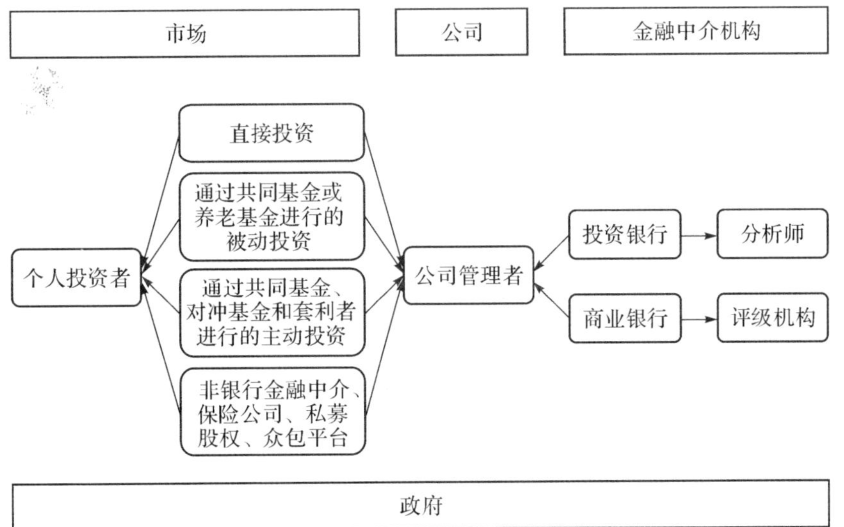

图 1.1　市场参与者及其相互关系

参与者们的目标看似可能相互冲突，然而，他们的决策仍被下述六个基本理论所左右。那么，是哪六个理论呢？

第一节 公司金融的六个理论

一、净现值(net present value,NPV)

第一个理论是净现值。当投资者做投资决策时,必然会考虑投资回
报。公司管理者以每一笔投资回报的净现值最大化为目标,当且仅当净
现值为正时,才进行投资。净现值的计算有三个步骤:第一步,计算某个
投资能产生的所有现金流。遗憾的是,有些投资在投出去之后马上就能
产生现金流,而有些则需要在几年后才能产生(初始投资通常发生在今
天,而回报则发生在未来)。因此,第二步,计算所有回报在某一时间点
上的价值。这里就涉及了折现率(discount rate)的计算。折现率告诉你
7 在未来某个时间点所获得的回报折算到现在的价值。通过折现率,你能
将未来所有的现金流折算成一个当前值,然后减去初始成本。第三步也
是最后一步,决定资产的融资方式。这一步之所以重要,主要是因为税
收。一些融资方式如债务融资是可以抵税的,因为利息在税前列支,因
此可以省税。所以,债务的税后成本降低了。因此,融资方式的不同组
合会改变你所支付的实际利率。

二、投资组合理论(portfolio theory)与资本资产定价模型(capital asset pricing model)

计算净现值需要先计算利率。那么,利率又是从何而来的呢? 决定利率的是投资者,而非公司。回想一下,某公司正在接洽投资者以筹集资金。但该公司只是投资者正在接洽的众多公司中的一家。换言之,投资者需要决定如何配置其储蓄。如果选择投资某公司,该公司所提供的回报率至少要与投资者的次优选择所提供的回报率一样高。但我们如

何为每一位投资者都找到次优选择呢？哈里·马科维茨（Harry Markowitz）与威廉·夏普（William Sharpe）[①]回答了这个难题，并因此在1990年被授予诺贝尔经济学奖[②]。他们理论的本质是指出了个体实际上并不是孤立地持有单个投资，而是将其作为投资组合的一部分持有。如果我们知道投资组合中每个投资的风险与回报水平，我们就可以计算出整个投资组合的预期回报与风险水平。如果我们将资产组合与某个无风险资产（riskless asset）如政府债券进行组合，我们就能得出一个特殊的资产组合——市场投资组合（market portfolio）。该组合的回报率决定了任何投资的折现率。这个计算折现率的公式被称为资本资产定价模型，简称CAPM。

三、资本结构理论（capital structure theory）

资本结构理论详述了债务融资或股权融资这两种融资方式是如何
影响折现率的。了解不同类型的投资者对投资回报的要求可以帮助公 8
司规划其融资金额与融资方式。并非所有的融资方式都是等价的。具体来说，债务利息通常是可以抵税的，而从股权中获得的回报——股利——却不能。那么，公司应该发行债券还是股票呢？佛朗哥·莫迪利亚尼（Franco Modigliani）和默顿·米勒（Merton Miller）系统地解答了这个问题，并因此获得诺贝尔经济学奖[③]。他们的想法是，在一个完美世界中（无税、信息对称、无破产成本），融资方式并不重要。正如“没有免费的午餐”（no-free-lunch）定理证明的那样，股权融资、债务融资或公

---

① 威廉·夏普，资本资产定价模型的奠基者。由于其在金融经济学方面的贡献，与默顿·米勒和哈里·马克维茨三人共同获得1990年第十三届诺贝尔经济学奖。——译者注

② 严格地说，它被称为瑞典国家银行纪念诺贝尔经济科学奖。由于太过冗长，我就把它简称为诺贝尔经济学奖。

③ 虽然是在不同的年份（分别在1985年和1990年）获奖，贡献也并不完全相同。莫迪利亚尼凭借生命周期假说（life-cycle hypothesis）获得了诺贝尔经济学奖。不过，生命周期假说也被另一种类似的方法所证明。在金融领域，我们的理论是有限的，证明方法更是有限。

司产生的收益再投资对公司价值毫无影响。然而，一旦进入一个不完美世界，如有税、信息不对称等，融资方式就很重要了。

四、期权定价理论(option pricing theory)

公司的有些投资决策，如是否开办新工厂，就无法简单地使用净现值法来分析。为了理解这些决策，我们需要引入期权定价理论。看涨期权(call option)给了你按今天约定的价格买入某种特定资产的权利。期权中非常重要的一点是，我们并不负有必须执行交易的义务。如果资产的市场价格下跌，我们可以在公开市场以更低的价格买入；如果不想再执行该笔交易，由于是期权，我们就不必再执行交易。同理，看跌期权(put option)给了我们按今天约定的价格卖出某种特定资产的权利。需要注意的是，期权的卖方没有权利拒绝你的买卖。例如，当买方希望行使看涨期权时，卖方必须按照约定价格卖出资产。当交易不利于期权卖方时(该资产价格一定高于约定价格，不然期权持有者不会行权)，这种情况不可避免地会发生。为了说服期权卖家卖出期权，必须事先定价。期权定价理论告诉了你约定价格该是什么。如果定价太高，意味着没有人会买入你的期权。如果定价太低，意味着当买方行权时，你将最终破
9 产。那么，期权卖方应如何定价？费希尔·布莱克(Fischer Black)[①]、迈伦·斯科尔斯(Myron Scholes)[②]和罗伯特·默顿(Robert Merton)回答了这个问题，斯科尔斯和默顿也因此获得了1997年的诺贝尔经济学

---

① 费希尔·布莱克，美国经济学家，布莱克-斯科尔斯模型的提出者之一。费希尔·布莱克毕生坚持奋战在华尔街，在金融领域他是“搞实务的”而不是“做学术的”，然而就是他创建了迄今为止最正确、最经典、应用最广、成就最高的模型之一——布莱克-斯科尔斯期权定价模型。在他因病去世一年后，参与创建该模型的两位学者迈伦·斯科尔斯和罗伯特·默顿被授予了诺贝尔经济学奖，费希尔终身未获此殊荣。——译者注

② 迈伦·斯科尔斯，美国经济学家，由于他给出了著名的布莱克-斯科尔斯期权定价公式，该法则已成为金融机构涉及金融新产品的思想方法，因此获得1997年诺贝尔经济学奖。现任香港中文大学(深圳)杰出教授。——译者注

奖[①]。他们的答案同样是“没有免费的午餐”定理的直接应用。他们建立了一个由标的资产(underlying asset)、无风险资产和债券组成的投资组合,而这个投资组合与期权拥有相同的回报。“没有免费的午餐”定理告诉我们,如果两项资产拥有相同的回报,它们必然有相同的初始成本。由于我们能计算出某项资产和债券组成的投资组合的成本,而该组合的损益可以完美复制期权的损益,该投资组合的成本就是期权的成本。

五、信息不对称理论(asymmetric information)

你执行的每一笔交易都会牵扯到信息不对称。假设你想买一辆二手车。卖家很可能比你掌握更多关于这辆车的真实信息,如汽车是否处于良好状态,是否在维修、保养方面偷工减料等。卖家总有足够的动机向你宣称这辆车的状况有多好。但这是否就意味着你一定处于劣势呢?有趣的是,答案是否定的。你知道你在信息方面处于不利地位,于是你会狠狠地砍价。优质二手车的卖家就会处于劣势,因为你只提供了平均价格,卖家要努力证明这辆车真的有那么好。信息不对称理论是金融经济学领域最具影响力的主张之一,它可以用来理解从二手车市场到高管薪酬丑闻、商业道德、财务政策的一切。乔治·阿克洛夫(George Akerlof)[②]、迈克尔·斯宾塞(Michael Spence)和约瑟夫·斯蒂格利茨(Joseph Stiglitz)[③]开创性地利用信息不对称理论分析市场,因此获得了

---

① 费希尔·布莱克在那时已去世,诺贝尔奖不授予已去世的人。

② 乔治·阿克洛夫,美国著名经济学家、2001年诺贝尔经济学奖得主,美国加州大学伯克利分校(UC Berkeley)经济学教授,其妻子是前任美联储主席、加州大学伯克利分校教授珍妮特·耶伦。——译者注

③ 约瑟夫·斯蒂格利茨,美国经济学家,美国哥伦比亚大学校级教授(University Professor),哥伦比亚大学政策对话倡议组织(Initiative for Policy Dialogue)主席 。他于1979年获得约翰·贝茨·克拉克奖(John Bates Clark Medal),2001年获得诺贝尔经济学奖,他的重要贡献使得IPCC获得2007年诺贝尔和平奖。1993年至1997年任美国总统经济顾问委员会成员及主席,1997年至1999年任世界银行资深副行长兼首席经济学家,2011至2014年,任国际经济学协会主席。——译者注

2001年的诺贝尔经济学奖。

六、市场效率(market efficiency)

当证券价格能够充分反映所有有关信息时，市场就是有效市场。这看上去似乎是一个简单的理论，但也许也是公司金融中最具争议的理论之一。主要在于，市场效率理论没有告诉我们市场价格与资产的基础净现值之间的关系。如之前所讲，计算净现值需要先计算现金流与折现
10 率，折现率需根据公司的融资结构进行调整。现在我们假设经济学家们使用CAPM来计算折现率，而投资者们则使用另一种资产定价模型。当新信息产生时，价格会产生变动，但并不是按照经济学家设想的那样。这是否就意味着市场失效了？投资者行为不理性了？还是经济学家们使用了错误的模型？此外，投资者有一系列系统性的行为偏差，我们无法预测哪一种偏差占主导地位，以及某一偏差的重要性在什么时候会发生变化。丹尼尔·卡内曼(Daniel Kahneman，2002)、尤金·法玛(Eugene Fama，2013)①和罗伯特·希勒(Robert Shiller，2013)②因在该领域提出了开创性想法而获得了诺贝尔经济学奖。

至此，主宰整个公司金融学的六个理论基本说完了，其中五个都被授予了诺贝尔奖。所有的理论都源自无套利均衡(no-arbitrage)和“没有免费的午餐”。让我们把所有理论放到一张大图里。图1.2列示了企业和投资者之间的现金流，并进一步说明了六大理论的适用范围。

11 图1.2左侧框代表个人投资者，右侧框中的公司为他们提供了各类合约。有些合约每年或每半年提供固定回报，并承诺在一个固定期限到

① 尤金·法玛，著名经济学家、金融经济学领域的思想家，芝加哥经济学派代表人物之一、芝加哥大学教授，2013年诺贝尔经济学奖得主。——译者注

② 罗伯特·希勒，耶鲁大学经济系著名教授之一，2013年因“资产价格实证分析方面的贡献”获得诺贝尔经济学奖。——译者注

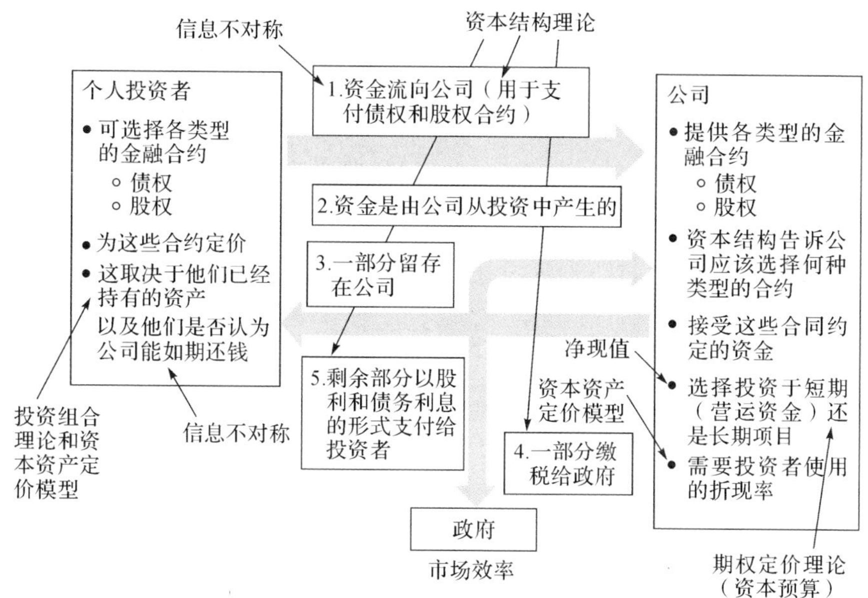

图 1.2 六大理论适用范围

期时返还票面价值,如果发生违约,将首先偿付票据持有人,这就是债务合约。另一组合约是,如果公司因其他合约发生违约而破产,他们也不提供付款担保与最终付款的可能性。为什么会有人愿意购买这类合约呢? 因为一旦公司成功了,他们有可能获得大笔报酬。换句话说,此类投资是提供了一个投资于企业增长潜力的机会,我们称之为股权。还有一些合约,如优先股、可转换债券等也一并存在。投资者认为,合约的价值取决于他们持有哪些资产(即投资组合)以及合约的风险性(资本资产定价模型)。这些因素决定了合约的价值,我们将债务的价值称为债权价格,将股权的价值称为股票价格。

投资者购买股票和债券合约,然后把钱转给公司。公司以净现值为
决策标准来决定是将这些资金投入短期(流动)资产(short-term assets) 12
还是长期资产(long-term assets)中。他们会选择净现值最大的项目。
净现值的计算需要知道折现率,而折现率取决于投资者购买股票及债券

的价格。折现率还受到资本结构（公司所发行的股票和债券的比例）的影响。资本结构还会对公司缴纳多少税费、偿还多少债务、支付多少股利，以及保留多少留存收益再投资产生影响。有些公司的决策不能简单地使用净现值模型来分析。例如，公司战略决策就涉及实物期权（real option），也就是扩张或放弃一个项目的权利。为了评估这些价值，需要使用期权理论。

最后，合约的价格还受信息不对称的影响。公司管理者比外部投资人拥有更多关于公司资产真实价值的信息。就像二手车销售一样，他们有动机宣称这些资产价值不菲，但实际上也许毫无用处。投资者在给证券合约定价时会考虑到这一点。因此，公司通过制定管理激励和其他机制（统称为“公司治理机制”）来改善信息不对称水平，从而影响投资者的支付意愿。

除此之外，还有市场效率。如果市场无法计算出任何资产的基础价值，并将其与价格相挂钩，那么其他的金融理论也将土崩瓦解。如果市场价格与你计算出的价格相去甚远，那么无论是使用净现值法、投资组合理论还是资本结构理论来预估这项资产的基础价值，都没有太多意义。难道是市场错了？假设市场错了，被市场认为毫无价值的公司实际上却很有价值，那么你购买这家公司的股票就对了吗？如果在你清算股票之前，市场都没有认识到这家公司的价值，这些股票其实对你来说也是毫无价值。于是，在你的一生中，你的投资将永远不会有回报，你所持
13 有的东西在很大程度上就是一堆废纸[①]。因此，要使这六个金融理论有价值，市场必须将根据这六个理论计算得出的基础资产价值与市场价格相关联。换句话说，如果市场使用的是这六个理论之外的完全不同的估值方法，那么经济学家们不妨打道回府吧。

---

① 这些残羹剩饭或许可以作为牛饲料，但可能不是人类的营养品。

第二章　净现值和公司投资决策

学习要点

- 公司管理者的目标是什么？是股东价值最大化吗？
- 利益相关者 vs. 股东：为什么我们只关注股东价值最大化？
- 净现值：我们最大化了哪类股东价值？长期股东（long-term shareholders）还是短期股东（short-term shareholders）？
- 净现值法的推导
- 净现值法中不同类型的现金流

为了理解净现值为什么那么重要，让我们先从两个非常简单的问题开始：公司管理者的目标是什么？公司应为谁的利益而经营？

第一节　利益相关者 vs. 股东

让我们先罗列一下公司各种不同的利益相关者，如图 2.1 所示。 14

这些利益相关者是每一位与公司成功息息相关的人。最显而易见的相关者有公司的工人、管理者、股东、客户、供应商、债券持有人、监管

15 供应商

客户

竞争对手

工人

管理者

纳税人（政府）

债券持有人

股东

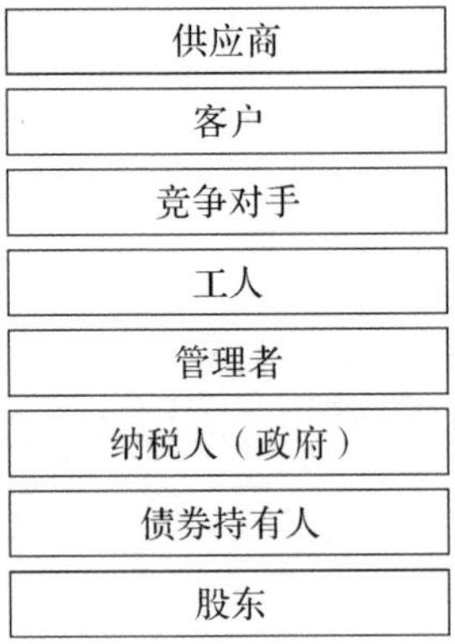

图 2.1　公司中各种不同的利益相关者

者、审计师等。而有些则不是那么明显，如竞争对手，他们同样与公司息息相关，且呈负相关。一家公司的成功意味着它的竞争对手的处境会恶化。此时，同行们就会抱怨他们的竞争对手给产品定价太低，或是为了模糊成本，将不同服务进行捆绑销售，再或是发起其他任何能使竞争对手处于劣势的活动。政府同样也与公司息息相关。如果公司破产了，其员工就会失业，相应的失业救济金就将转嫁到纳税人身上。如果公司太过成功，政府又会担心他们的利润是以牺牲竞争对手与工人的利益为代价的。

公司管理者是负责公司投融资决策的人。在各种利益相关者中，他们应该满足谁呢？有趣的是，这个问题的答案在不同国家是不同的。调查显示，美国和英国是仅有的两个优先考虑股东利益的发达国家。在另外一些发达国家，如法国、德国、日本，其公司管理者表示，所有利益相关者都很重要[①]。

但如果问英美两国的学者，他们会异口同声地说，公司应以股东利益为经营目标，其他人根本不会在意公司的经营情况。英美两国的公司

① 在发展中国家市场没有系统地展开调查。

管理者也持相同看法[①]。

为什么股东利益如此重要呢？管理者给出的标准答案是：股东是公司的所有者。他们为公司提供资金，他们理应从中受益。但这并不是你想象中的那般显而易见。诚然，股东提供了资本，但这是一种特殊类型的资本——金融资本(financial capital)。债权人提供了另一种类型的金融资本——债务资本。工人们没有提供金融资本，但提供了人力资本
(human capital)。公司创始人提供了想法，也就是智力资本(intellectual 16
capital)。为什么一种类型的资本，如金融资本比其他类型的资本更重要呢？最大化所有利益相关者的价值，而不仅仅考虑股东的价值，难道不是更好吗？

让我们先从概念上来思考一下这个问题，假设你被要求组织一场办公室聚会，要挑选一家让所有人都满意的餐厅。你知道，办公室的其他同事都不是很喜欢社交[②]，因此，一旦地点确定了，大家就不会互相谈论自己的喜好了。如果是这种情况，这个决定对你来说就很容易了，选择一家你喜欢的餐厅即可。如果任何人抱怨，说他们有更喜欢的餐厅，你只要说，这是让其他所有人都满意的选择。对于公司来说，公司管理者们深知，各利益相关者的诉求不尽相同，公司的经营不可能满足所有利益相关者的诉求。所以，公司管理者优先选择让自己感到满意，如多给自己特别待遇[③]，以及从事其他任何能使他个人受益的事。道理很简单：公司管理者的职责不是让所有人都开心，这是徒劳的，因为没有人能够做到。所以，他选择先让自己觉得舒心。

由此，我们需要选择一个特定的利益相关者，使他满意的同时最大化其他人的价值。金融理论告诉你，那个你选择的利益相关者就是股东。

---

① 或许是因为，大部分的美国与英国职业经理人拥有 MBA(工商管理硕士)学位，他们的教授告诉他们，股东价值最大化是唯一的出路。

② 这就是为什么要求你来组织聚餐。

③ 如公务机。

那么，是什么让股东成为这个享有特权的人呢？为什么公司仅需以他们的利益为经营目标呢？其他利益相关者呢？如果公司把追求股东价值放在第一位，是不是其他利益相关者被忽略、伤害，甚至是被牺牲了？以苹果公司为例，他们通过分包商在中国生产组装大部分产品零部件。2010 年，在中国东部地区的一家组装厂里，供应商要求使用一种有毒试剂清洁 iPhone 屏幕，工人们在其间不幸受伤[1]。类似情况在戴尔、IBM、联想和其他公司也发生过。在中国深圳的 iPad 零部件供应商富
17 士康集团，几名员工因工作条件恶劣（包括公司施加过多压力）而试图自杀。无独有偶，2013 年，在孟加拉国首都达卡，一座能容纳五家服装厂的大楼轰然倒塌，上千名工人遇难[2]。政府报告的结论是，该建筑使用了不合格的建造材料，这是工程方对建筑法律法规的公然无视。工厂的管理者们在知道房屋不安全的情况下，为了公司利润还迫使员工继续作业。我们如何将这些故事与我们所强调的股东价值最大化是公司管理者的唯一正确目标相统一呢？

这里有几个区别。首先以及最重要的是，利润最大化不等于股东价值最大化。一味地追求利润可能会使公司管理者不公平对待部分利益相关者。这最终将损害股东价值。例如，如果公司管理者虐待工人，工人就会生产出劣质产品，这将影响公司利润，从而影响股价。股价是未来任一时间所产生的所有利润的现值。通过剥削工人来最大化下一年的利润有可能损害五年后的利润。公司的负面报道会影响公司的产品需求，从而影响股价。关键在于，股东的利益分配是在其他利益相关者之后的。所以，最大化股东价值就意味着最大化其他利益相关者的价值。

---

① 查尔斯·杜希格（Charles Duhigg）、大卫·巴尔博扎（David Barboza）的《中国低廉的人力成本成就 iPad》一文于 2012 年 1 月 26 日刊登在《纽约时报》A1 版。

② 吉姆·亚德利（Jim Yardley）的《孟加拉国死亡工厂倒塌遭广泛指责》一文于 2013 年 5 月 23 日刊登在《纽约时报》A5 版。

举个例子，1991 年，耐克公司成为反血汗工厂运动者们的目标，他们组织了一场全球抵制耐克产品的活动，原因是有证据证明耐克公司在南亚次大陆和东南亚的分包商雇用童工生产产品[1]。耐克公司则用工厂行为准则作为回应。在 1992 年的巴塞罗那奥运会上，耐克遭到抵制，受到主流媒体关注，此后，耐克公司为改善工人生活水平成立了专门部门。1997 年，对耐克的抵制活动进一步蔓延到了大学生中，耐克公司总裁菲尔·奈特(Phil Knight)[2]在次年 5 月宣布，耐克将提高工人的最低年龄，加强对分包商的监控，并在所有工厂中采用美国清洁空气标准。在这接下去的几年中，耐克公司对其越来越多的工厂进行了审计，并公 18
布了签约合作工厂的完整名单。尽管耐克仍不时会遭到批评，但其形象已大幅改善[3]。

所以，我们关注股东价值的第一个原因是，这是一个明确而简单的目标，只需关注一个指标，这个指标对于最后收到钱的股东来说至关重要。

但这似乎看上去不是很公平，我们最大化股东价值，而对其他人只要让他们感到满意即可。要回答这个问题，关键要记住，其他利益相关者都与公司有明确合同。如工人会与公司签订一份明确合同，详细说明他的工资、或有奖金、遣散费、休假等事宜。如果他付出了努力，但公司违约了，如不付基本工资给他，却给别的工人发放奖金等，他可以且通常会在法院起诉这家公司。同样，债权人与公司签订合同，明确了债务偿还方式、利息，以及其他任何能约束公司行为的事项。如果公司触犯了任一条款，如没有及时支付利息，公司通常就会破产，债权人接管公司。

---

① 西蒙·伯奇(Simon Birch)的《行动主义是如何迫使耐克改变其伦理游戏的》一文于 2012 年 6 月 7 日在《卫报》刊登。

② 菲尔·奈特，耐克品牌的传奇领袖，是财富 500 强公司里最古怪的领导人之一。——译者注

③ 马克斯·尼森(Max Nisen)的《耐克是如何解决血汗工厂问题的》一文于 2013 年 5 月 9 日刊登在《商业内参》(*Business Insider*)。

如果产品具有瑕疵或出现质量问题，那么，根据合同，客户有权退回产品。如果公司违约，客户有权起诉该公司。类似的合同也明确了公司和所有利益相关者之间的权利与义务。唯一没有受到明确合同保护的利益相关者就是股东。股东有权在年度会议上投票（在多数情况下，投票是不具约束力的），但无权决定如何进行年度分红，这是由公司管理者决定的。因此，股东几乎是唯一没有受到法律明确保护的利益相关者。这意味着，从本质上讲，股东是所有利益相关者中对出资最为担心的人。

所以我们关注股东价值的第二个原因是缺乏对股东利益的明确保护。

19 值得注意的是，关注股东价值并不能解决所有问题。继续以苹果公司为例，早在 2006 年，苹果就因供应商工人严酷的工作环境而遭受批评。作为回应，苹果公司要求其一级与二级供应商提交年度审计报告。如新闻报道的那样，尽管已开展了审计工作，但问题依然存在。然而，苹果公司仍是美国最受喜爱的品牌之一。2011 年《纽约时报》的一项调查显示，56％的受访者表示，他们想不到任何关于苹果公司的负面消息。除非客户要求改善供应商工厂环境并投入相应资金，否则苹果公司永远不会从根本上改善供应商们的工作环境。换言之，如果股东、客户或其他社会成员对某件事情不重视，公司也就不会改变自己的行为。这是否暗示了政府所要扮演的角色？我将在第六章中就此以及公司治理、信息不对称等社会责任问题进行阐述。在第六章中还将讨论公司管理者如何让股东相信他们的资金不会被管理者盗用。在第六章中，我将假设公司管理者是诚实、勤勉的，并致力于最大化股东价值（正如我之前所说，自动假设股东价值最大化就是其他利益相关者价值最大化）。

第二节　哪个股东更重要？长期股东 vs. 短期股东

然而，最大化股东价值这个概念远比它看上去的要复杂得多。不同的股东有不同的投资视角。假设公司要在长期项目和短期项目之间做出选择。长期项目将在 50 年后得到回报，在这之前都不会产生现金流。短期项目在投资的 2 年后就会产生现金流，但此后公司需要寻找其他短期项目继续投资。假设现在有两组投资者——一组是 90 岁的退休人员，另一组是 25 岁刚毕业的 MBA 学生。那么这家公司该选择哪个项 20
目呢？

一种可能的回答是满足大多数。但通常来说，公司管理者连股东是谁都不知道，更别提知道大多数股东是短期股东还是长期股东了。即使知道一些机构股东的名字，也不清楚哪些股东更重要。试想有一家日本公司，有若干来自日本的长期股东和几个来自美国的短期大型机构股东，那么，公司管理者要优先满足谁呢？

为了更系统地理解这个问题，我们要在这里引入一些图表。让我们先从一个极端简单的世界开始：在一个荒岛，有两个海难的幸存者萨鲁曼与盖拉德丽尔被冲上了岸。他们与外界的联系被完全切断，没有通信，没有网络。和他们一起被冲上岸的仅有一袋土豆，他们将平分这袋土豆。如果袋子里有 100 个土豆，他们一人 50 个[①]。

每个人都要在本季度种植多少（将在下季度收获）与消费多少中进

---

① 好莱坞电影《火星救援》（*The Martian*）中的男主马特·达蒙（Matt Damon）同样也在做关于土豆的跨期消费与投资决策。在电影中，生产函数由他能够从废弃空间中打捞或是拆卸出哪些物资所决定，以便开辟出一块适宜土豆生长的土地。在被环境因素彻底摧毁之前，他都做得非常不错。马特利用偏好曲线与生产函数相切这个概念有效地计算出了跨期消费量，这恰巧与本章所讨论的话题十分吻合。

行选择。萨鲁曼与盖拉德丽尔将小岛一分为二,这两块土地在面积、土壤肥力、阳光、水和其他生产要素上完全相同,然后他们在各自的土地上耕作。土豆和许多大宗商品一样,遵守收益递减规律。萨鲁曼与盖拉德丽尔会先在最肥沃的土地上耕种,然后是略不肥沃的土地,以此类推,直至土豆被全部吃完。这意味着,在下季度,翻番土豆种植数量并不会翻番土豆产量。如果种了 4 个土豆,萨鲁曼与盖拉德丽尔将各自收获 6 个。但是,如果种了 8 个土豆,则无法收获 12 个,而是各自 10 个。图 2.2 为收益递减规律模型。

21

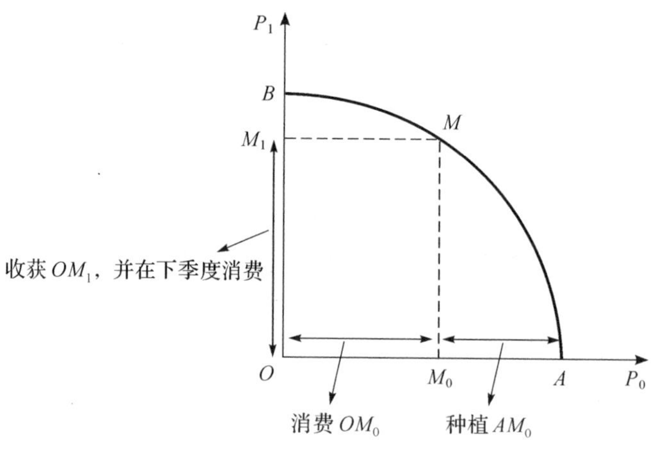

图 2.2　土豆的生产函数

在图中,X 轴(季度 0,P_0)代表本季度的土豆数量,Y 轴(季度 1,P_1)代表下季度的土豆数量。萨鲁曼与盖拉德丽尔的初始禀赋是 50,即 X 轴上的 A 点。在季度 0,萨鲁曼与盖拉德丽尔要在种植多少(投资)与消费多少之间做出选择。假设他们选择 M_0 作为最优点,那么 AM_0 就是土豆种植数量,剩余距离 OM_0 是本季度的消费数量。在下季度,他们将收获 OM_1 并把它们全部吃完①。

① 他们在第三季度获救了。

现在，让我们思考如何对萨鲁曼与盖拉德丽尔在本季度的消费数量与种植数量进行建模，也就是确定 X 轴上的 M_0。经济学家喜欢使用所谓的偏好曲线（preference curves），有时候被称为无差异曲线（indifference curves）①来建模。为了理解什么是无差异曲线，我们先把它想象成逛超市。你往购物篮里堆了一堆杂货。现在有多种对你来说无差别的组合方式。假设经济学家为你提供了以下两个篮子：篮子一中有 1 块比萨、8 个番茄和 2 个洋葱，篮子二中有 1 块比萨、6 个番茄和 3 个洋葱。两个篮子的价格一样。如果经济学家要你从中选择一个，你也
许会因无从选择而耸耸肩。用经济学家的话说就是，这两个选择对你来 22
说是无差别的。然而，如果经济学家又给你篮子三，里面有 2 块比萨、10 个番茄和 4 个洋葱，且价格与篮子一和篮子二相同。任何理性的消费者都会毫不犹豫地选择篮子三，因为理性人在相同支出的情况下总是倾向于获得更多。

但如果你真的非常喜欢比萨，在价格相同的情况下，放弃比萨来换取更多番茄和洋葱会是一笔大买卖。哪怕只是放弃一小块比萨，你可能会要求 20 多个番茄作为补偿。又或者你愿意为了 1 块额外的比萨而放弃所有的番茄和洋葱。所有的这些偏好都可以用偏好曲线来表示。

图 2.3 显示了一对偏好曲线。和之前一样，X 轴（P_0）是本季度的土豆数量，Y 轴（P_1）是下季度的土豆数量。在任一偏好曲线上，本季度和下季度土豆数量组合对消费者是无差别的。例如，位于较下方的 AA 曲线上的 Y 点是本季度较多土豆（Y_0）和下季度较少土豆（Y_1）的组合。而 X 点则表示放弃今天的一些土豆（X_0 小于 Y_0）来换取明天更多的土豆
（X_1 大于 Y_1）。由于 X 点与 Y 点在同一条偏好曲线上，这两点对消费者 23
其实是无差别的。Z 点在较上方的无差异曲线 BB 上。由于每个人总是倾向于获得更多，因此在本季度 10 个土豆、下季度 15 个土豆和本季

① 我对这两种商品的偏好无差别。

度 12 个土豆、下季度 16 个土豆两项选择中，理性人都会选择后者。Z 点优于 X 点，因为在下季度土豆数量一样的情况下你能在本季度得到更多的土豆。Z 点同样优于 Y 点，因为虽然本季度土豆数量一样，但你在下季度能拥有更多土豆。

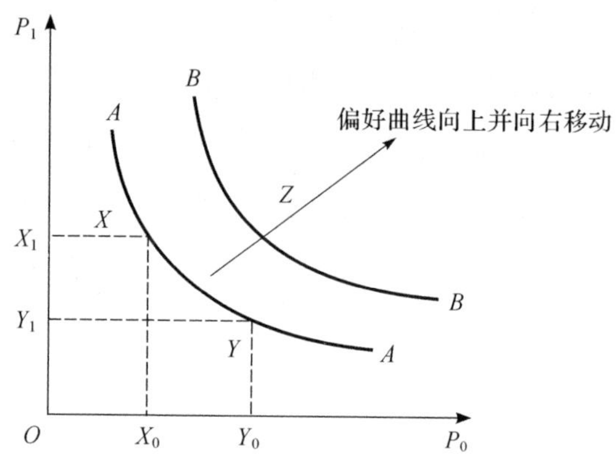

图 2.3 偏好曲线

偏好曲线的斜率能看出一个人的耐心程度。一个没有耐心的人希望得到及时满足，不愿为了虚无缥缈的未来消费而放弃当前消费。对于这样的人，需要用明天大量的土豆才能让其在今天放弃几个土豆。相应地，其愿意用明天大量的土豆来换取今天多一点点的土豆。上述情况可以用一条非常陡峭的偏好曲线来表示，如图 2.4 中较低的那条陡峭的曲
24 线 CC。较平缓的偏好曲线 DD 则代表了长期投资者，这些人关注长期收益，而不是今天的消费。要让其放弃下季度的土豆，你必须在今天提供大量的土豆作为补偿。

现在我们假设萨鲁曼是一个短期投资者。他只对本季度很关心，而对下季度不那么有所谓[①]。盖拉德丽尔则恰恰相反，比起本季度，她更关心下季度，那么她就是一个长期投资者。他们的消费和种植决策会是

---

① 他的高级合伙人索伦是出了名的控制欲强，曾多次提前或永久地终止某些商业伙伴关系。

怎样的呢？我们所要做的就是在土豆的生产函数上叠加偏好曲线。图 2.5显示了萨鲁曼的最优投资和消费选择。

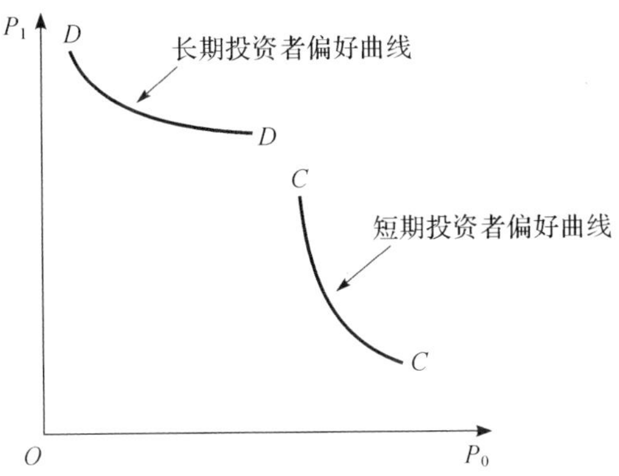

图 2.4　短期和长期投资者偏好曲线

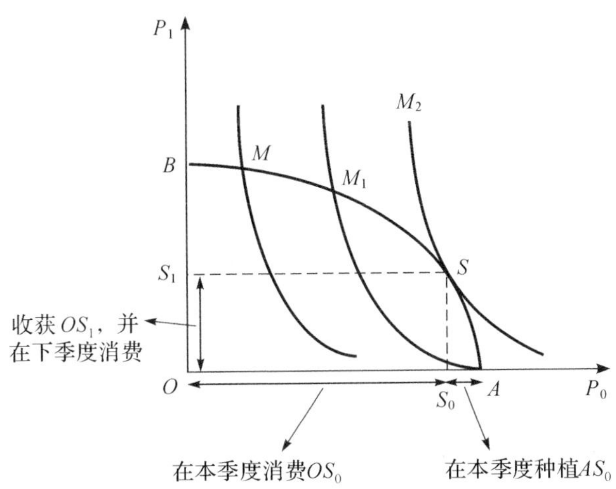

图 2.5　萨鲁曼的最优投资和消费选择

萨鲁曼选择在本季度少种些土豆。具体说来，他种了 AS_0，消费剩余的部分 OS_0。为什么是 S 这一点呢？其实还可以有其他无数条偏好曲线，如图中的 M 和 M_1。然而，萨鲁曼将继续向右移动曲线，直至偏好曲线与生产函数相切于唯一一点——S 点。这是在给定生产函数下，他能得到的最大值。该函数还显示了他将在下季度收获 OS_1，并立即消费

(回忆一下,他们将在第二季度快结束时获救,因此不会再有第三季度,他们不需要再在第二季度种植任何东西了)。

25 相比之下,盖拉德丽尔是一个长期投资者。她选择在本季度少量消费。具体来说,她在本季度种了 AG_0,消费剩余部分 OG_0。从生产函数看,她将在下季度收获 OG_1,并立即消费。图 2.6 对她的最优投资和消费选择进行了建模。

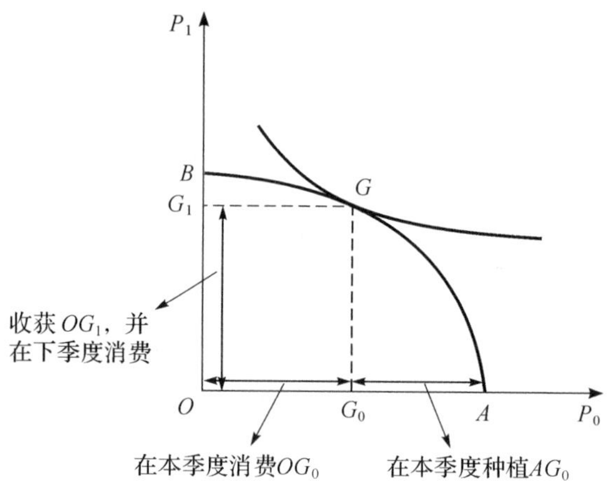

图 2.6　盖拉德丽尔的最优投资和消费选择

当萨鲁曼与盖拉德丽尔决定合作时,问题就产生了。此时,他们种植和消费的最佳数量是多少?他们永远无法达成令双方都满意的决定。G 点在 S 点的左侧,所以 S 和 G 之间的任何一点对萨鲁曼来说都没有单独选择 S 点来的开心。同样,S 点低于 G 点,所以 S 和 G 之间的任何一点对盖拉德丽尔来说也没有单独选择 G 点来的开心。所以,他俩永远无法通过合作让自己更满意。

现在让我们引入第三位幸存者罗宾·班克斯先生,朋友们都称他为班克斯先生。他决定开始从事土豆交换生意。他提供固定利率 r,如果你从他那里借 1 个土豆,你需要在下季度还给他 $1+r$ 个土豆。由于利率曲线是一条直线,所以,如果你借给他 1 个土豆,他也将在下季度还你

$1+r$ 个土豆。代入数字的话,假设利率是 10%,那么,如果你借给罗宾 10 个土豆,他将还你 11 个;如果借给他 20 个,他将还你 22 个,以此类推。同样,如果你向他借 50 个土豆,你需要还给他 55 个,并以此类推。图 2.7 为利率是 10%的利率曲线。

26

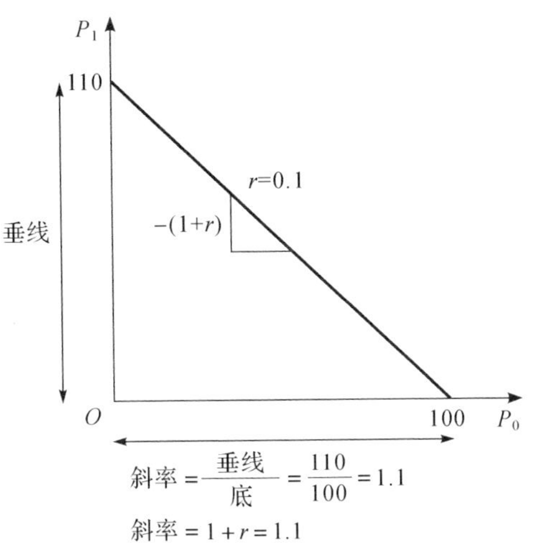

图 2.7 利率曲线

利率曲线的斜率告诉了我们利率是多少。高中几何告诉我们,斜率的定义是垂线除以底,所以这条线的斜率为 $1+r$。

现在,让我们在有土豆交换和利率的情况下来建立最优生产决策模型。为此,我们所要做的就是将利率曲线叠加到生产函数上。由于所有的利率曲线都是直线且互相平行(它们的斜率相同),我们将利率曲线往外移动直到它与生产函数相切于 N 点,如图 2.8 所示。

让我们看看在萨鲁曼身上发生了什么。其初始最优点是 S,如图 2.5 所示。我们现在将他挪到 S' 点,如图 2.9 所示。相较于 S 点,萨鲁曼显然更喜欢 S',因为他只需用明天一点点的土豆就能换到今天多得多的土豆。他的偏好曲线也向右移动了。但这是如何做到的呢? S' 点 28
在他的初始禀赋 A 点右侧。也就是说,一开始只给了他 50 个土豆,但他打算今天吃 55 个，再留一些用来种植。这看上去是不可能的，但却做到了。

27

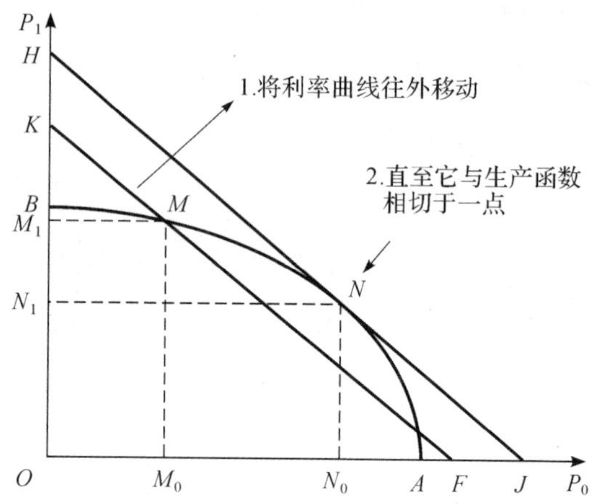

图 2.8　利率曲线下的最优生产决策模型

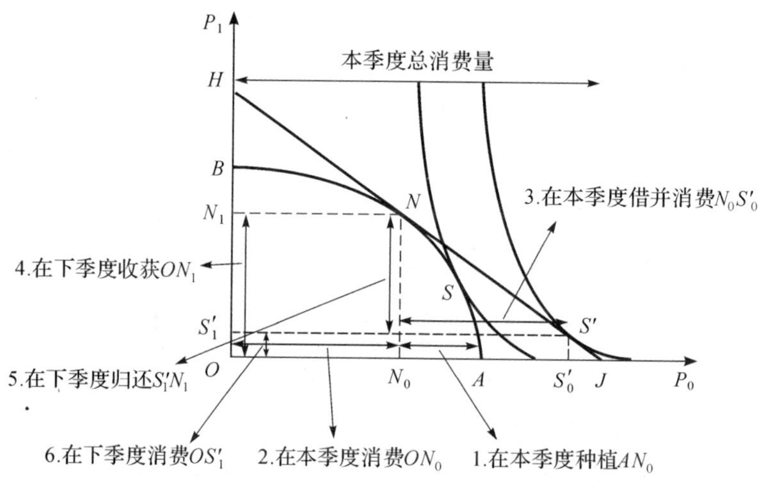

图 2.9　借贷情况下萨鲁曼的最优投资和消费选择

为了让萨鲁曼达到 S' 点，需进行以下步骤。

1. 在本季度种下 AN_0。

2. 剩下的 ON_0 是本季度能够消费的部分。

3. 根据生产函数，AN_0 的投资能在下季度收获 ON_1。但在 N 点之前，生产函数的陡峭程度高于利率曲线（投资生产的回报要高于土豆交换）。

4. 由于萨鲁曼只想在下季度消费 OS'_1，他提出在下季度将 S'_1N_1 之间的部分还给罗宾先生。

5. 罗宾研究了利率曲线，提出在本季度借给萨鲁曼 $N_0S'_0$，以在下季度收回 S'_1N_1（因为利率曲线的陡峭程度低于生产函数）。因此，萨鲁曼可以在本季度消费 $ON_0+N_0S'_0=OS'_0$，在下季度消费 OS'_1，这样会让他更满意。

这些步骤如图 2.9 所示。

那么，盖拉德丽尔呢？她也能过得更好。她的初始最优点是 G 点。如图 2.10 所示，我们能将她带到 G' 点，该点高于 G 点，所以她更喜欢。那她又是如何到达这一点的呢？她遵循一系列与萨鲁曼类似的操作，只是她是将土豆借给别人而不是从他人处借土豆。她的步骤如图 2.10 所示。

29

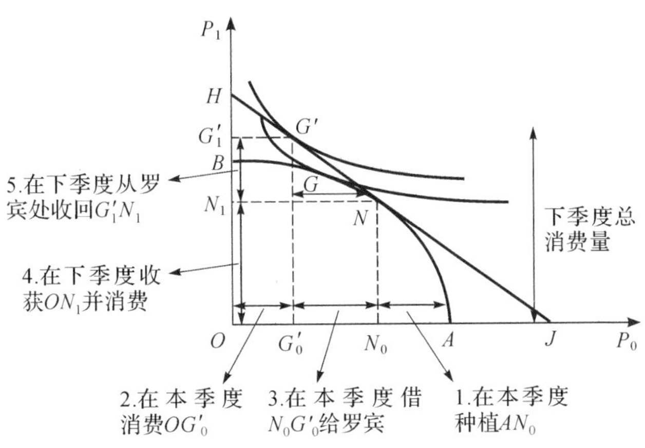

图 2.10　借贷情况下盖拉德丽尔的最优投资和消费选择

1. 在本季度种下 AN_0。

2. 在本季度消费 OG'_0。

3. 将剩余部分 $N_0G'_0$ 借给罗宾。

4. 根据生产函数，AN_0 的投资将在下季度收获 ON_1。在 N 点之后，利率曲线的陡峭程度高于生产函数（它提供了比种植土豆更好的回报）。

5. 在下季度，罗宾将 G'_1N_1 还给盖拉德丽尔。

6. 因此现在，盖拉德丽尔能在下季度消费 $ON_1+N_1G'_1=OG'_1$，在本季度消费 OG'_0，她也比之前过得更好。

萨鲁曼与盖拉德丽尔的一些策略属于常识。生产函数与利率曲线拥有不同的斜率。因此，在利率最低时借款，在利率最高时投资是明智的做法。如果，利率曲线的陡峭程度低于生产函数，那么，对于萨鲁曼来说，从罗宾处以较低的利率借土豆就比缩减投资更为明智。如果利率曲线的陡峭程度高于生产函数，那么，对盖拉德丽尔来说，以更高的利率借土豆给罗宾就比自己投资种植更为明智。关键在于，决定最优投资金额的第一步对于盖拉德丽尔和萨拉曼来说是完全相同的。

让我们再推演至极端情况。假设萨拉曼在下季度什么也不想要。那么，他在本季度最多借多少才能正好在下季度还清罗宾的债务以后使所剩为零呢？该种情况如图 2.11 所示。

具体步骤是：

1. 在本季度种植 AN_0。

2. ON_0 为本季度可以消费的部分。

3. 根据生产函数，AN_0 的投资能在下季度收获 ON_1。

4. 由于萨拉曼在下季度不想消费土豆，因此他提议在下季度将所有土豆还给罗宾。

5. 罗宾提议在本季度借给萨拉曼 N_0J，以在下季度获得 ON_1 的回报。因此萨拉曼能在本季度消费 $ON_0+N_0J=OJ$,在下季度消费 0。

30

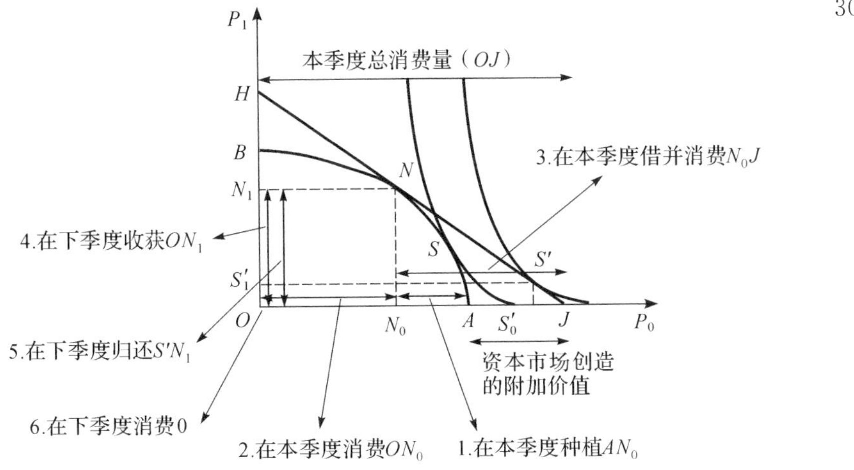

图 2.11　下季度什么也不留的情况下萨鲁曼的最优投资和消费选择

这里有两个有趣的地方:一是距离 AJ,二是 N 点。萨拉曼的初始禀赋是 OA。现在他将他的初始禀赋扩张到 OJ。因此,AJ 是罗宾给他带来的附加价值。如果没有借贷,也就不会有额外的价值创造,萨拉曼和盖拉德丽尔无论如何也无法达成共识。N 点则是最优投资点,是利率曲线和生产函数的切点。换句话说,在 N 点上,利率曲线与生产函数 31
的斜率相同,两者投资回报相同。

现在我们能为最佳点 N 建模了吗?让我们再次回到高中几何:

$$\text{斜率}=\frac{\text{垂线}}{\text{底}}$$

因此,
$$1+r=\frac{NN_0}{N_0J}$$

以及
$$1+r=\frac{NN_0}{N_0A+AJ}$$

$$N_0A+AJ=\frac{NN_0}{1+r}$$

$$AJ=\frac{NN_0}{1+r}-N_0A$$

NN_0 是该生产函数下下季度的产量。N_0A 是投资的初始价值，AJ 是利率曲线创造的附加价值，我们将其定义为投资的净现值。代入公式，就得到了净现值的公式：

$$NPV=\frac{CF_1}{1+r}-I \tag{2.1}$$

其中，CF 是现金流变量，$1/(1+r)$ 是折现因子(discount factor)，包括利率 r，I 是项目或投资的初始成本或支出。

第三节　净现值公式

净现值公式是公司金融中几乎所有事情的基础。如果把荒岛上的
32 条款翻译成金融语言，那么荒岛幸存者就是股东，土豆就是货币，最初的土豆就是初始资产，种植土豆就是投资，消费土豆就是获得和支付股利，土豆交换就是金融市场。

这里有几个需要掌握的点。首先，也是最重要的是，资本市场允许管理者将股东的消费决策与公司的投资决策相分离。这个定理被称作费雪分离定理(Fisher's separation theorem)，因最早由欧文・费雪(Irving Fisher)于 1930 年[①]提出而得名。费雪分离定理是金融学领域最重要的定理之一。它说明了，公司的投资决策与所有者的消费偏好无关。公司应做出使其现值最大化的投资决策，独立于所有者偏好。公司所有者，也就是股东，可以通过资本市场的适当借贷来满足自身的最优消费偏好。

其次，这个例子也展示了金融市场是如何创造附加价值的。他们从长期投资者处吸收存款，然后放贷给短期投资者，从中赚取利率 r。因

---

① 欧文・费雪：《利息理论：人性不耐与投资机会》(*The Theory of Interest: As Determined by Impatience to Spend Income and Opportunity to Invest It*)，纽约：麦克米伦出版社，1930 年。

此，金融中介，如商业银行最重要的作用之一，就是随时间变化调配资金。如果投资者需要短期资金，银行就把长期存款转换成短期资金。如果投资者持有短期存款，银行会将其转换为长期回报。这还意味着，银行不能赚取除了资金调配产生的利率 r 以外的经济租金（economic rent）[①]。

让我们再回到最初的问题，即公司管理者应努力满足哪个股东的需求，答案是哪一个股东其实并不重要。根据式（2.1），管理者只要关注净现值最大化就可以了。

这个等式需要三个输入量，两个是显而易见且明确的，一个是不那么显而易见的。显而易见的输入变量是现金流 CF 和利率 r。隐形输入变量是公司的融资决策，也就是公司如何为该笔投资筹集资金。我们将在资本结构理论这一章中看到，通常来说，需在计算折现率时考虑资本结构。而折现率是由投资者决定的，我们将在下一章中讨论如何通过投 33
资组合理论与资本资产定价模型把它推导出来。

那现金流呢？在公司金融中，我们仅有四种类型的现金流：单笔现金流（single lump sums）、年金（annuities）、永续年金（perpetuities）、连续复利现金流（continuously compounded cash flow）。其中，前三种在公司金融的实践中最为常用，而最后一种通常用于期权定价。单笔现金流的一个例子是在投资几年后收到单笔现金流。例如，你希望在 3 年后继承一笔 1 万英镑的遗产，这就是单笔现金流。那么，它的现值是：

$$PV=\frac{FV}{(1+r)^{T}}=\frac{10000}{(1+r)^{3}}$$

其中，FV 是终值（future value），r 是折现率，T 是在得到终值前持续的时期数。终值可以通过现值公式反向推导。在上述例子中，$10000=PV(1+r)^{3}$。

---

① 在经济学中，租金是在竞争性市场中产生的超额收益。

一般来说，
$$PV=\frac{FV}{(1+r)^t} \tag{2.2}$$

那么，
$$FV=PV\times(1+r)^t \tag{2.3}$$

年金是一系列均衡的、一段时间之后会结束的、自始至终拥有相同利率的现金流。在这种情况下，现值为

$$PV=\frac{C}{r}\left[1-\frac{1}{(1+r)^T}\right] \tag{2.4}$$

其中，C 是每期期末所产生的现金流，r 是折现率，T 是年金持续的时期数。所以，如果你中了一张在未来 10 年里每年支付你 1000 元的彩票，它的现值是

$$PV=\frac{1000}{r}\left[1-\frac{1}{(1+r)^{10}}\right]$$

34 由于现值是单笔现金流，年金的终值如式(2.3)所示[两边均乘以 $(1+r)^t$。]

最后，永续年金是一系列相同数量的现金流，随着时间变化保持相同的利率，且永无止境。所以，我们如何找到永续现金流的价值呢？其实非常简单。我们所要做的就是计算如下公式：

$$PV=\frac{CF_1}{(1+r)^1}+\frac{CF^2}{(1+r)^2}+\frac{CF^3}{(1+r)^3}+\cdots$$

由于每期现金流的金额是相等的，所以我们可以写成

$$PV=\frac{C}{(1+r)^1}+\frac{C}{(1+r)^2}+\frac{C}{(1+r)^3}+\cdots$$

在两边都乘以$(1+r)$，得到

$$PV(1+r)=C+\frac{C}{(1+r)^1}+\frac{C}{(1+r)^2}+\frac{C}{(1+r)^3}+\cdots$$

即

$$PV(1+r)=C+PV$$

简化后得到

$$PV=\frac{C}{r} \tag{2.5}$$

再回溯到年金的推导，这里有两组永续年金，一组起始于下一年度，另一组起始于 t 年之后（也就是年金的终止日），这两者的差额给了我们一组起始于下一年度但终止于设定期限的现金流。

最后，我们还有另一种方法，我们仍拥有相同的现金流（单笔现金流、年金或永续年金），但在一段时间内进行多次复利。只要在这段时间中的折现率都是 r，我们总是可以使用式（2.2）至式（2.5）来计算这些现金流的现值与终值。例如，如果月利率是 1%（利息按月支付），今 35
天 100 美元的投资在一年后的回报为：$100\times(1+0.01)^{12}=112.68$ 美元，这是式（2.3）的直接应用。不幸的是，有时候银行和其他金融中介向我们提供的数字是年利率，但实际上按月收取利息[①]。你可能会被告知，年利率（annual percentage rate，APR）是 12% 的复利/月，其实就是每月 1% 的利率，但前者听起来利率更高。直接代入年利率的公式如下：

$$FV=PV\times\left(1+\frac{APR}{m}\right)^{m\times t} \tag{2.6}$$

其中，m 是每年的复利次数。

这个公式和式（2.3）很接近，就是把 r 换成了 APR/m，把 t 换成了

① 银行为什么一年不止一次地支付利息呢？我们将在第六章“信息不对称理论”中讨论这个问题，但本质上是由于存款保证金（deposit insurance）的存在。通常情况下，银行只持有一小部分的现金资产，其余部分用于放贷。如果出现银行业恐慌，每家银行的客户都争相提款，就会使银行破产，即使这个银行本身是健康运营的。存款保证金有助于打破这个魔咒，因为政府的介入使存款人相信他们在银行的存款是安全的。即便银行破产，纳税人也会为存款者的利益买单。遗憾的是，这也意味着存款人没有动力去监督银行，因为他们的存款受到了保护。但银行有充足的动力随意放贷，特别是通过竞争性费率战。在美国，格拉斯-斯蒂格法案（*Glass-Steagall Act*）的条款之一——Q 条例（Regulation Q）就对银行存款利率进行了限制，但银行仍可以通过改变复利的计息周期来相互竞争。你可以看到，这并不能提高存款者所获得的利息，但它可能是一个很好的营销工具。你可以想象下银行的广告：“我可以给你 5.25% 的利息”，“好吧，我同样可以给你 5.25% 的利息，而且一年支付两次”，“哇，真的吗？我们能每天支付利息，还附赠一个烤面包机”，等等。不管怎样，在《1980 年存款机构放松管制和货币控制法》（*Depository Institutions Deregulation and Monetary Control Act in* 1980）颁布后，美国的利率上限就逐步取消了。

$m \times t$。回到上面那个例子，如果年利率是 12%，利率是按月支付的话，100 美元的投入在一年后将得到 $100 \times (1+0.12 \div 12)^{12\times1} = 112.68$ 美元，和之前的计算结果一致。为什么这很重要呢？只有当我们把复利的计息周期缩短到足够短时它才重要。例如，假设我们按小时支付利息（将其与按月支付进行对比），由于一年有 8760 个小时，所以公式为：$100 \times (1+0.12 \div 8760)^{8760\times1} = 112.74959$ 美元。这个公式有意思的地方在，我们计算出的数字并没有大幅提升，和之前的数字相比只有约 7 美分的增加。再假设我们按秒支付，那么，这个数字会急剧上升吗？实际上并不会。一年有 31536000 秒，所以公式是：$100 \times (1+0.12 \div 31536000)^{31536000\times1} = 112.7496851$ 美元，多了约 0.01 美分。

如果按越来越小的时间单位支付利息纯粹是个别现象，我们为什么要对其予以关注呢？实际上，我们可以将复利的计息周期缩小到无限小，如十亿分之一微秒，但最终结果仍是一个有限值。如果我们在连续时间内计算复利，终值公式将会是：

$$FV = PV\,\mathrm{e}^{rt} \tag{2.7}$$

36 其中，e 是指数函数（exponential operator）。在这个公式下，在今天投入 100 美元在一年后收到 $100 \times \mathrm{e}^{0.12\times1} = 112.7496852$ 美元。你会发现，这与按每秒复利计算出的结果相差不大，这是任何人在任何复利计息周期下能得到的最大数值。也许对 100 美元来说差别很小，但如果我们谈论的是 1 亿美元呢，这个差距实际上也就 1.5 美分那么大[①]。经济学家们喜欢用式（2.7），因为无论我们复利多少次，这是我们能获得的利息的上限。更重要的是，这个公式使用起来也很方便[②]。

现在，我们要做的是将简便式（2.7）倒一倒：

---

① 好吧，也许这个差距也不是很大，但如果利率不是 12% 而是 24% 呢？这个数字就会翻一倍，升至 3 美分。如果这个金额是 10 亿美元呢？无论如何，你已经明白了这个道理。

② 经济学家们是聪明但又爱偷懒的。

$$PV=\frac{FV}{e^{rt}}=FVe^{-rt} \tag{2.8}$$

如果你看到类似于 Xe^{-rt} 的东西，它就意味着 X 的现值，它是式(2.2)在永续时间下的价值：

$$PV=\frac{FV}{(1+r)^t}$$

在推导出式(2.7)与式(2.8)之后，我们先将它们放一放，在我们进入第五章“期权定价理论”时再拿出来，我们将在那一章广泛地运用这两个等式。

总结一下，实际上我们只有一个等式，即式(2.1)，我们可以从这个等式推导出其他所有等式。公司管理者所要做的就是确定现金流，以及弄清楚它是何种类型的现金流，然后将它代入式(2.1)(需事先知道经资本结构调整后的折现率)。如果净现值是正的，则进行投资，否则不进行投资。

这些类型的现金流有哪些例子呢？考虑下公司管理者和投资者试图评估的三种最常见的现金流——股权价值、债权价值和公司的整体价值。一旦投资者购买股票，他们得到的现金流就是股利。如果他们卖出股票的价格高于(或低于)买入价，他们就会赚取资本利得(capital 37
gains)(或亏损)。但为什么其他投资者会接盘呢？价格又是多少呢？第二个投资者购买股票以获得股利，并在卖出时获得资本利得，对于再下一个投资者来说他们的想法也是一样的。对于股票来说，没有一个投资者是最后投资者，因此所有的股利之和就是股票的现金流。股票的现值就是未来公司所支付的所有股利的现值。你如何计算一组一直在变化着的无限现金流的价值呢？答案是你无法计算。所以我们做出简化的假设，我们假设股利在很长一段时间内恒速增长，然后将其代入增长永续年金(growing perpetuity formula)公式，即式(2.5)的变体，来计算当前的股价：

$$P=\frac{Div}{r-g}$$

其中，Div 是下一年度的预期股利支付数，r 是折现率，g 是增长率。这个公式被称作戈登增长模型(Gordon growth model)，但它实质上就是一个被伪装了的永续年金公式。

债券由一系列的年息票支付(coupon payment)与最终票面价值(face value)构成。所以债券价格就是年金的价值(息票支付通常每年相同)加上单笔现金流(票面价值)的价值。所以债券价值是式(2.4)与式(2.2)的组合：

$$P=\frac{C}{r}\left[1-\frac{1}{(1+r)^{T}}\right]+\frac{FV}{(1+r)^{T}}$$

其中，C 是息票金额，r 是折现率(称为债券到期收益率)，FV 是票面价值，T 是债券的期限。

最后，公司的现金流是什么呢？我们称之为自由现金流(free cash flow，FCF)，它是息税前利润(earnings before interest and taxes，EBIT)－税＋折旧(depreciation)－资本支出(capital expenditure)－营运资本(working capital)增加额。

38 这听起来有些复杂，让我们把它简化，来看看一家小餐馆的利润表(income statement)。这家餐厅日销售收入 100 英镑，成本 40 英镑，包括购买蔬菜、肉类和其他易腐食品。此外，冰箱等其他设备需按 10 英镑计算折旧。由于 $EBIT$＝销售收入－成本－折旧，所以这家餐馆的 $EBIT$＝100－40－10＝50 英镑。餐馆还需向银行支付 20 英镑的利息费用，然后得到税前利润，最后再付 50％的税。所以利润表最底部的数字就是企业的净利润，也就是 $EBIT$－利息－税＝50－20－50％×(50－20)＝15 英镑。

股东能得到多少钱呢？首先，他们实际上并不需要为损耗付钱，只有当冰箱坏了的时候，才会去修理它或是买新的，只有那时才会真正产生费用。所以折旧实际上并没有被花费掉，餐厅的所有者可以把这笔钱另作他用。所以，15＋10＝25 英镑是公司所有可支配的收入吗？不完全是。利息同样也可以忽略。事实上，我们假设公司没有任何债务。利息支付的确对公司价值有影响，但具体是如何影响的是第四章“资本结构理论”的主题。目前，我们仅需要关注公司根据债务情况调整后的折现率。这意味着，对公司的自由现金流来说，我们假设公司不存在债务，直接以息税前利润纳税。因此自由现金流的公式是：

$$FCF = EBIT(1-t_c) + \text{折旧} - \text{资本支出} - \text{营运资本增加额}$$

其中，t_c 是公司税率，营运资本为公司流动资产(current assets)减去流动负债(current liabilities)。

一旦我们计算出了每个时期的自由现金流，就可以将其代入式(2.2)至式(2.5)中任意一个或几个来计算现值。

重要的是，我们要认识到公司金融中的六个理论是紧密相连的。我之前已经简单提及了投资组合理论与资本结构和净现值是息息相关的，信息不对称与市场效率亦然。

假设市场中有大量消息灵通的投资者，他们知道在什么时候投资能获得丰厚的回报(例如，他们可能掌握了关于生产函数更准确的信息)。在设定利率的时候，做市商，也就是银行家们，会担心利率是否过低而导致消息灵通的投资者会从他们那里借出过多的钱。同样，如果利率过高，消息灵通的投资者可能会向他们借出过多的钱。为了保护自身利益，做市商会设定不同的存款与贷款利率。贷款利率高于存款利率。遗憾的是，这破坏了 NPV 的概念，详见图 2.12。

整个费雪分离定理的前提是公司管理者在决定最优投资金额的时候可以忽略投资者偏好。但遗憾的是，在信息不对称及借贷利率不同的情况下，就不存在能使所有投资者都受益的投资金额了。我们将在此后章节中看到，这对资本结构与公司治理都有影响。

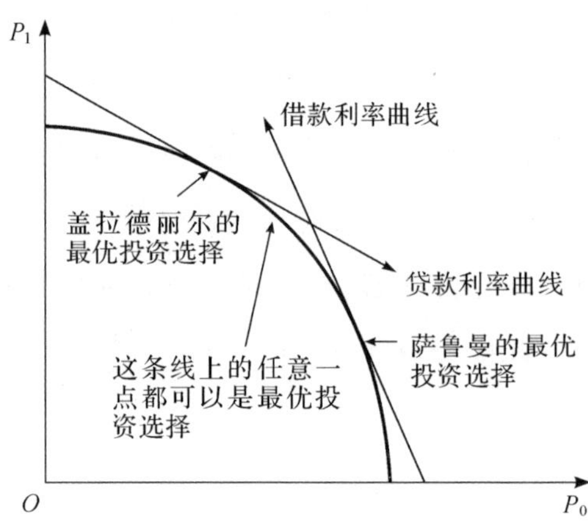

图 2.12　信息不对称下的借贷

第三章　投资组合理论与折现率

学习要点

- 什么是折现率？一个直观的解释
- 风险测量
- 计算单个证券的预期收益与方差
- 计算证券投资组合的预期收益与方差
- 推导资本资产定价模型

第一节　什么是折现率？一个直观的解释

在第二章中，我们讨论了净现值法则[式(2.1)]中的主要输入量：两 42
个显性输入量是现金流和折现率(非显性输入量是资本结构，将在第四章中进行讨论)。

现金流由资产的性质决定。假设我们的投资者盖拉德丽尔(在第二章中已出现，现已从荒岛获救)期望在两年后，从一家知名的珠宝公司索龙(Sauron)公司处获得100美元的现金分红。但遗憾的是，这不是确定的 100 美元，有 50%的概率是公司实际支付 200 美元，但也有 50%的概率是公司不会支付任何费用。收益的期望值为 $50\%\times200+50\%\times0=100$ 美元。

盖拉德丽尔不得不思考这样一个现金流值多少钱。显然这是有风险的，比另一家相对更安全的公司——Elf River（一个退休社群）——风险系数要高，Elf River 承诺在两年之后给你 100 美元的确定回报。那么，Sauron 公司到底有多大的风险呢？盖拉德丽尔的风险容忍度又是多少呢？

43 我们假设盖拉德丽尔愿意花 90 美元购买 Elf River 公司的股票。这意味着她将在两年内获得 10 美元的投资收益。式(2.3)告诉我们：

$$100=90\times(1+r)^2$$

得出 $r=5.4\%$。这是盖拉德丽尔本次投资的折现率。

现在再来看看 Sauron 公司。两年后的收益是带风险的收益。戒指由昂贵的材料制成，如果没有较好的市场营销，顾客可能永远不会被说动去购买大量戒指。因此，有可能公司永远不能支付股利，也有可能公司会支付比之前多得多的股利。大多数投资者在面对这种不确定性时，可能会向该种现金流投入少于 90 美元。

假设盖拉德丽尔愿意投资 85 美元，再次应用式(2.3)：

$$100=85\times(1+r)^2$$

得出，$r=8.5\%$。

在这两个例子中，有趣的是经济学家们永远无法知晓折现率。他们通过观察人们愿意支付的价格，利用式(2.3)或第二章中其他类型现金流的计算公式来反向推导折现率或预期收益率。直觉告诉我们，面对风险投资时，对于相同的收益，人们会本能地选择低成本投资。但正如我们在前面所看到的，这意味着需要用更高的折现率来说服他们购买此项资产。

这就是金融市场中一个著名的格言：高回报意味着高风险。也就是说，如果你想要获得高回报，你就要承受更高的风险。但需要认识到的是，高风险并不一定获得高收益。所有金融理论均主张，如果资产收益风险高，那么人们倾向于以较低的成本购买该资产，即高风险往往伴随着低价格（或高预期收益）；反之，则不成立。 44

但这又带来了另一个显而易见的问题。不同的投资者有不同的风险测量方法，或者对回报的概率有不同的预期，风险厌恶程度也不同。例如，萨鲁曼可能比盖拉德丽尔的风险偏好程度要高。他对于 Sauron 公司在两年后实际能支付多少股利持更乐观态度。例如，萨鲁曼也许认为 Sauron 公司有 70%的可能会支付股利，只有 30%的可能是不支付。或者萨鲁曼也许找到了投机的快感，比盖拉德丽尔从冒险中得到更多的快乐。如果萨鲁曼愿意花 88 美元购买 Sauron 公司的股票，萨鲁曼的折现率是

$$100=88\times(1+r)^2$$

得到折现率为 6.6%。要注意的是，我们无法判断萨鲁曼和盖拉德丽尔 3 美元的差距在多大程度上是因为萨鲁曼更低的风险厌恶程度，多大程度上是因为他们对成功概率的预期不同。在最佳情况下，我们所知道的所有就是他们愿意花多少钱。但在现实生活中，其实我们知道的甚至更少。

所以，回到 Sauron 公司真正的折现率是多少这个问题上来：是 6.6%还是 8.5%？解决这个问题有两种方法，第一种是假设投资者都是同质的，他们是一群克隆人，有着相同的预期水平与风险厌恶水平。换句话说，他们对成功与失败的概率预估一致，并对风险的反应也一致。这个方法似乎不太令人满意，因为我们知道投资者是千差万别的。

第二种是想象当盖拉德丽尔为 Sauron 公司每股支付 85 美元、萨鲁曼的出价是 88 美元时发生了什么。如果卖家只卖一股，那么谁能得到

它呢？当然不会是盖拉德丽尔。事实上，我们都不会看到盖拉德丽尔的报价(或者说任何低于萨鲁曼价格的报价)。如果萨鲁曼是出价最高的人，那么，唯一被记录的价格就是萨鲁曼支付的价格。折现率将由萨鲁曼的出价决定，也就是 6.6%。在这种情况下，萨鲁曼是边际投资者
45 (marginal investor)。在金融理论中，我们可以假装边际投资者是一个大型的多资产配置的养老基金。这样做有两个好处：首先，养老基金通常不需要缴税，因此我们可以避免税收的复杂性。其次，养老基金持有大量多样化的股票，因此我们可以假设他们不关心非系统性风险。

这一假设解决了风险规避的问题。大型养老基金愿意为 Sauron 公司的股票支付最高的价格，因为他的资产足够多元化，可以缓冲 Sauron 公司的风险。因此，他的出价就决定了折现率。这里仍然留下了概率预估的问题，不同投资者对 Sauron 公司成功与否的概率判断是不同的。为了规避这个问题，我们先假设投资者处理信息的方式是相同的。他们一开始就拥有一样的概率判断，当有新消息时，他们会同步更新自己的想法。然而这种假设并不完全令人满意，我们将在之后的第七章“市场效率”中看到，投资者处理信息的方式是不同的，即便是大型养老基金，它们也是由管理人管理的[①]，他们和非机构投资者一样是会有偏好的。

然而，现在我们先将这两个假设抛之脑后，即假设投资者们的预期是一致的，边际投资者是一家大型多资产配置的养老基金。然后我们把注意力转到本章的基础问题上来：我们如何测量风险？

第二节 风险测量

解读风险这一概念的最直观的方法，便是将各种资产的收益做成直方图，分析其收益分布情况。直方图能显示出特定结果的出现次数。

① 截至撰稿之时。

例如，假设我们能看到 Sauron 公司的历史数据。在过去 10 年里，Sauron 公司的投资收益率是 3.4%、−0.1%、6.3%、9.2%、9.3%、−0.9%、−0.6%、−9.4%、0.7%和 1.7%。

这些都是年化收益率。计算方法是假设我们在当年 1 月 1 日买入 46
股票，并在当年 12 月 31 日卖出。在这期间，我们还从股票中获得了股利。例如，以 120 美元的价格买入 Sauron 的股票，在一年内分红 9.1 美元，在 115 美元时抛售，买卖股票损失了 5 美元。然而，加上股利后的总收益是 115+9.1−120=4.1 美元。再除以初始投资金额，得到收益率为 4.1÷120=3.4%，这就是 Sauron 公司收益率序列中的第一个数字。在大多数情况下，我们不会每年都买卖股票，所以这些数据其实是假定收益率，而事实上，投资者可能在一年之内就能获得。

接下来，根据收益率的发生频率绘制直方图(见图 3.1)。在直方图中，选定区间宽度[这里每个区间宽度是 2 个百分点，即两个连续区间为(8%,10%]和(10%,12%]，以此类推，方括号表示区间内包含该值]。
然后合计落在该区间内的历史收益率的次数。例如，落在(8%,10%]区 47
间内的频数为 2。直方图描绘了收益率的分布情况。

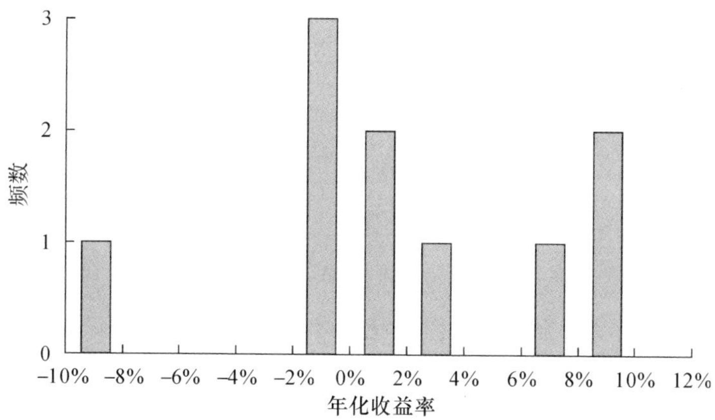

图 3.1 Sauron 公司年化收益率分布

在我们的例子中，我们有 10 个年度的年化收益率数据。但我们可以更进一步。如果我们计算月收益率，就有 120 个可以放入直方图的数字。观察 1926 年[这一年开始有了芝加哥大学证券价格研究中心(CRSP)记录的详细股票价格]至 2014 年 12 月的数据,我们发现了 CRSP 价值加权指数的 1000 个收益点(含股利分布)。假设我们将这 89 年来的道琼斯股票指数的所有月收益率制成一张直方图,这张直方图会是怎么样的呢? 详见图 3.2。

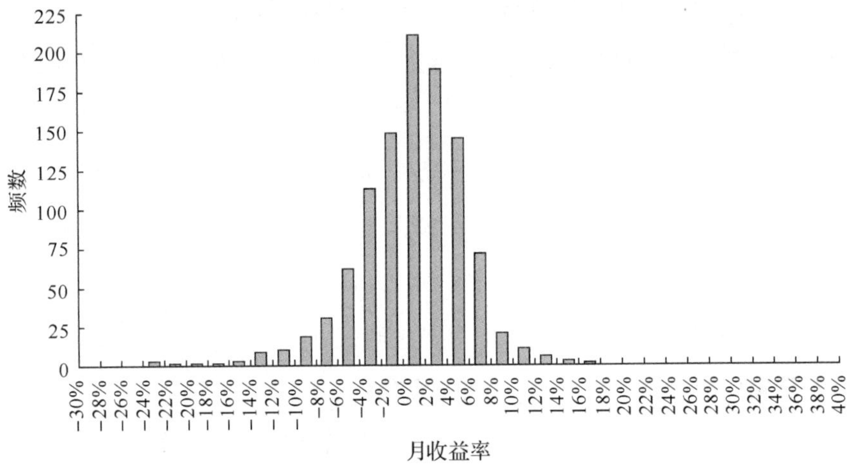

图 3.2 CRSP 价值加权指数的月收益率分布

数据来源:芝加哥大学证券价格研究中心(CRSP)。

粗粗一瞥,这张直方图像极了正态分布图。正态分布之所以称为正态,是因为大量的自然现象也可以用这种分布来粗略表示[①]。正态分布
48 最重要的特征是,只需知道其中两个参数即可完整描述整张图,这两个参数是平均值(直方图中心的平均值)与标准差(能粗略衡量出分布的广度)。一旦知道了这两个数字,我们就能自信地说出某一项特定资产在一定范围内获得回报的可能性究竟有多大。例如,如果一家大公司的股票收益分布的平均值为 13%,标准差为 20%,那么,我们可以说,下一年

① 这种分布也被称作高斯分布,以德国数学家卡尔·弗里德里希·高斯(Johann Carl Friedrich Gauss)命名。

度有 68％的可能性回报率落在平均值的一个标准差以内，有 95％的可能性落在两个标准差以内，有 99％的可能性落在三个标准差以内。因此，你可以自信地告诉你的客户，回报率低于－47％(13％－3×20％)的概率不到 1％(即客户几乎不可能损失超过一半的钱)。这种说法听起来准确又权威[1]。

因此，在资产收益率呈正态分布的假设下，就能得出以下结论：一只股票只有两个重要参数，即平均值(或预期收益率)和标准差(或其平方项，称为方差)。因此，方差或是标准差即为某只股票的风险。这个世界上的投资者被称为平均值一方差投资者，因为他们只关注这两个参数。另外，我们假设在风险恒定的情况下，每一位理性投资者都会选择更高的收益率。同样，在收益率恒定的情况下，每位理性投资者都会选择更低的风险[2]。

第三节　计算单个证券的预期收益和标准差

这里有两家公司，一家是卖冰激凌的，另一家是卖雨衣的。显然，这两家公司不会同时处于忙季。很少会有人在雨天吃冰激凌，而在冰激凌卖得很好的阳光明媚的日子里很少会有人买雨衣。

对冰激凌公司 100 美元的投资在晴天将收获 110 美元，但在下雨的
日子则会亏损至 98 美元。雨衣公司的收益情况是相同的，但对应的天 49
气情况正好相反。最后，如果投资 100 美元的政府债券，政府债券几乎

① 实际上，收益率的分布是长尾的，极端好和极端坏的情况的发生频率都比正态分布预测的要高一些。不幸的是，实际分布从数学角度来说并不容易操作，所以，我们将此忽略了。在大多数情况下，这并不是一个大问题，因为我们大多数人的杠杆率不是很高，不会因市场崩盘而受到重大影响。如需更多关于正态分布、置信级别(confidence level)和假设检验等话题的阅读，请参照任何初级统计学的教科书。

② 如果你更喜欢低收益而不是高收益，欢迎随时联系笔者，笔者也许会有一些有趣的投资机会。

是无风险的，无论天气如何都将收获 103 美元。

假设有 50％的概率为晴天，50％的概率为雨天[①]。假设初始投资为 100 美元，冰激凌公司的预期收益为 50％×110＋50％×98＝104 美元。预期收益率为(104－100)÷100＝4％。方差测量的是冰激凌公司与预期价值的偏离程度。毕竟，冰激凌公司永远无法达到正好 4％的收益率。它能在晴天收获(110－100)÷100＝10％的收益率，但会在雨天损失(98－100)÷100＝2％。

那么，预期收益率的偏离程度是多少呢？在晴天，冰激凌公司的收益率比预期收益率高出 10％－4％＝6％，但在雨天，比预期收益率低 4％－(－2％)＝6％。如果我们取这两个数字的平均值，将得到(6－6)÷2＝0，这使我们相信，冰激凌公司总是能够支付其预期收益，是一家非常安全的公司。但事实并不是这样，为了剔除这些负数，我们将它们平方一下。

所以，方差是与平均值偏离程度的平方的加权平均和。在这个例子中，它是

$$
\begin{aligned}
&50\% \times (10\% - 4\%)^2 + 50\% \times [4\% - (-2\%)]^2 \\
&= 0.0036 = (6\%)^2
\end{aligned}
$$

遗憾的是，这是按百分比平方计算的，很难将其与 4％的预期收益率进行比较。为了便于比较，我们将标准差定义为方差的正平方根。在这个例子中，$\sqrt{0.0036} = 6\%$。同样的计算方式也完全适用于雨衣公司，只是它在雨天获利 110 美元，在晴天获利 98 美元，最终它与冰激凌公司的预期收益和标准差相同。

政府债券的收益总是 103 美元，所以它的预期收益率是(103－100)÷100＝3％，标准差和方差均为零。所有数据已汇总在表 3.1 中。

---

① 这一章不是笔者在英国时写的。

表 3.1　投资冰激凌和雨衣公司的预期收益率与标准差

投资对象	晴天的价值（$p=50\%$）/美元	雨天的价值（$p=50\%$）/美元	预期收益/美元	预期收益率	收益率的标准差
投资冰激凌公司 100	110	98	50%×110+50%×98=104	$\frac{104-100}{100}=4\%$	$\sqrt{50\%\times(10\%-4\%)^2+50\%\times[4\%-(-2\%)]^2}=6\%$
投资雨衣公司 100	98	110	50%×98+50%×110=104	$\frac{104-100}{100}=4\%$	$\sqrt{50\%\times[4\%-(-2\%)]^2+50\%\times(10\%-4\%)^2}=6\%$
投资政府债券 100	103	103	103	$\frac{103-100}{100}=3\%$	$\sqrt{50\%\times(3\%-3\%)^2+50\%\times(3\%-3\%)^2}=0\%$

那么，哪种投资更可取呢？回想一下，萨鲁曼和盖拉德丽尔的风险厌恶程度不同[①]。我们将两家公司的预期收益率和标准差画在同一张图上（见图 3.3）。假设盖拉德丽尔极度厌恶风险。她会更倾向于哪种投资呢？她也许只会投资于政府债券。同样，如果萨鲁曼不介意风险的话，他也许会更愿意投资冰激凌公司或雨衣公司，因为这两家公司的收益率都要高于政府债券（它们的收益率是 4％，高于政府债券的 3％），但也会承担更高的风险。哪个选择更好呢？问题是你并不能够说出哪个选择更好，这完全取决于你的风险厌恶程度。

51

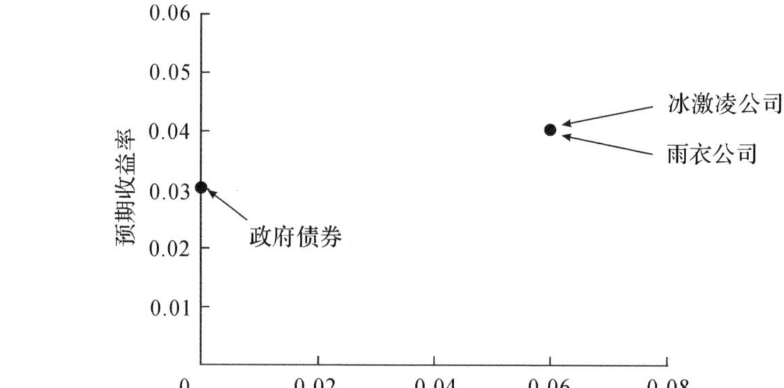

图 3.3　冰激凌和雨衣公司的预期收益率与标准差

现在，让我们引入第四种可能性：投资于一个投资组合，其中包括 50 美元的冰激凌公司和 50 美元的雨衣公司。如表 3.2 所示，无论在晴天还是雨天，该投资组合都会产生 104 美元的收益。这意味着它的标准差为零，永不偏离 4％的预期收益率。

① 风险厌恶程度与前一章中讲到的对短期资产与长期资产的偏好无关。

表 3.2　同时投资冰激凌和雨衣公司的预期收益率与标准差

投资冰激凌和雨衣公司的预期收益率与标准差	晴天的价值（p=50%）/美元	雨天的价值（p=50%）/美元	预期收益/美元	预期收益率	收益率的标准差
投资冰激凌公司 100 美元	110	98	50%×110+50%×98=104	$\frac{104-100}{100}=4\%$	$\sqrt{50\%\times(10\%-4\%)^2+50\%\times[4\%-(-2)]^2}=6\%$
投资雨衣公司 100 美元	98	110	50%×98+50%×110=104	$\frac{104-100}{100}=4\%$	$\sqrt{50\%\times[4\%-(-2\%)]^2+50\%\times(10\%-4\%)^2}=6\%$
投资政府债券 100 美元	103	103	103	$\frac{103-100}{100}=3\%$	$\sqrt{50\%\times(3\%-3\%)^2+50\%\times(3\%-3\%)^2}=0\%$
投资冰激凌公司 50＋雨衣公司 50 的投资组合	55+49=104	49+55=104	104	$\frac{104-100}{100}=4\%$	$\sqrt{50\%\times(4\%-4\%)^2+50\%\times(4\%-4\%)^2}=0\%$

我们很快就会发现这大大缩小了我们的选择范围。具体来说，比起政府债券，盖拉德丽尔会喜欢投资组合，因为都是在零风险的情况下，投资组合的收益率是 4%，而政府债券才 3%。同样地，萨鲁曼也会更喜欢投资组合，投资组合的投资收益率与单个投资相同（都是 4%），但风险要低得多（风险为 0%，远远低于 6%）。该种情况在图 3.4 中清楚地列示了[①]。

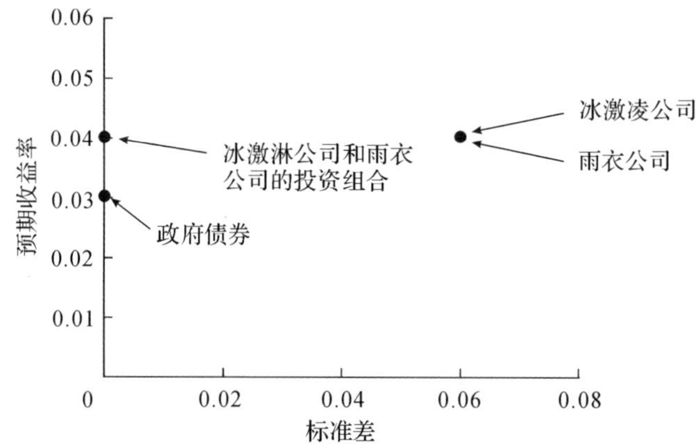

图 3.4　冰激凌和雨衣公司及其投资组合的预期收益率与标准差

这就是投资组合理论的精髓。当所有的投资以投资组合的形式存在时，因为多元化，某种程度上的风险就会消失。在晴天，雨衣公司和冰激凌公司分别获得负回报和正回报，两者相互抵消。没有理性投资者会持有无效投资组合的，而是持有其他投资组合。单个资产通常是有风险的，但如果你把它们放进一个投资组合，风险就会降低。

---

① 当然，这种情况绝不会保持均衡状态。如果两种资产都无风险，但收益率差异较大（政府债券收益率为 3%，投资组合为 4%），那么以政府债券利率借款后买入该投资组合，就可以实现无限盈利，就是所谓的“免费的午餐”。但遗憾的是，金融的基本原则是“天底下没有免费的午餐”。在现实生活中，这种收益率的差距很快就会被抹平。以政府债券利率借款会使得债券价格下降（收益提升），买入投资组合会使得投资组合价格上升（收益降低），两者的收益率最终逐渐趋同。

第四节　计算证券投资组合的预期收益和标准差

分析证券投资组合时会发生什么呢？我们也会得出相同的结论。一些无效投资组合永远不会被持有。于是，我们可以将这些投资组合从我们的分析中剔除。但哪些投资组合是无效的呢？

和之前一样，我们只需计算两个参数：投资组合的预期收益率和标 54
准差。假设有两种金融证券，一个是 Elf River 公司的债券，另一个是著名珠宝商 Sauron 公司的股票。Elf River 公司比 Sauron 公司安全，但也不是完全没有风险。所以它的标准差比 Sauron 公司的低，但并不为零。在经济衰退期，可能没多少人会购买戒指，但他们愿意为安全的退休生活买单。同样地，在经济繁荣期，戒指会比较受欢迎，使得 Sauron 公司的收益相对于 Elf River 公司来说有所提高。

假设两家公司在衰退期、正常时期和繁荣期的收益率如表 3.3 所示。

表 3.3　两家公司处于不同经济周期的概率及其收益率

不同经济周期	概率	Sauron	Elf River
衰退	20%	−7%	12.0%
正常	50%	12%	7.6%
繁荣	30%	28%	−4.0%

如之前那样计算，得出 Sauron 公司的预期收益率为：

$$20\%\times(-7\%)+50\%\times12\%+30\%\times28\%=13\%$$

标准差为

$$\sqrt{20\%\times(-7\%-13\%)^2+50\%\times(12\%-13\%)^2+30\%\times(28\%-13\%)^2}=12\%$$

同样地，Elf River 公司的预期收益率为：

$$20\%\times12.0\%+50\%\times7.6\%+30\%\times(-4.0\%)=5\%$$

标准差是

$$\sqrt{20\%\times(12.0\%-5\%)^2+50\%\times(7.6\%-5\%)^2+30\%\times[(-4.0\%)-5\%]^2}=6\%$$

可以看出，投资 Elf River 比投资 Sauron 安全（更低的标准差），但收益率也更低。

那么，一个投资 50％于 Sauron 公司、投资 50％于 Elf River 公司的投资组合的预期收益率是多少呢？其常用公式是：

投资组合的预期收益率＝资产 1 的投资额占总投资额的比例×资产 1 的收益率＋资产 2 的投资额占总投资额的比例×资产 2 的收益率
55 ＋资产 3 的投资额占总投资额的比例×资产 3 的收益率＋…

假设资产 i 的投资额占总投资额的比例为 X_i，则投资组合的预期收益率$E[R_P]$为

$$E[R_P]=X_1\times E[R_1]+X_2\times E[R_2]+X_3\times E[R_3]+\cdots \quad (3.1)$$

其中，$E[R_1]$、$E[R_2]$是单个资产的预期收益率。在这个案例中，只有两项资产，所以投资组合的预期收益率是 50％×13％＋50％×5％＝9％。

投资组合的标准差公式要稍微复杂一点。我们首先要定义一个新术语：协方差。协方差衡量的是 Sauron 公司和 Elf River 公司“共同变化”的程度。当 Sauron 公司和 Elf River 公司同时获得高收益或负收益时，协方差会比较大。如果 Sauron 公司和 Elf River 公司往相反方向发展的话，协方差会是很小的正数甚至负数。例如，Sauron 获得正收益时，Elf River 公司是负收益，两者的协方差应该很小，甚至为负。

协方差的定义与方差类似。回忆一下，方差衡量的是单个资产收益率与其预期收益率之间的平均平方差。协方差则是在同一状态下，两项资产与其平均值的偏离程度。

在 Sauron 和 Elf River 两家公司的案例中，计算结果如表 3.4 所示。

表 3.4　不同经济周期下的收益率与预期收益率的差异 56

经济周期	概率	与预期收益率的偏差	
		Sauron(13%)	Elf River(5%)
衰退	20%	−7%−13%=−20%	12.0%−5%=7.0%
正常	50%	12%−13%=−1%	7.6%−5%=2.6%
繁荣	30%	28%−13%=15%	−4.0%−5%=−9.0%

协方差为 20%×(−20%)×(7.0%)+50%×(−1%)×(2.6%)+30%×(15%)×(−9.0%)=−0.007。值得注意的是，协方差为负意味着 Sauron 与 Elf River 是往相反方向发展的。如果它们往相同方向移动，我们要么是用一组正数乘以一组正数，要么是用一组负数乘以一组负数(负负得正)。所以，如果两项资产往相同方向移动的话，通常会得到一个很大的正数。

需要注意的是，协方差与方差密切相关。Sauron 公司的方差就是它与它自身的协方差。具体说来，Sauron 的方差是 20%×(−20%)×(−20%)+50%×(−1%)×(−1%)+30%×(15%)×(15%)=0.0148。为此，我们用希腊字母 σ_i 表示资产 i 的标准差，用 σ_i^2 表示方差(标准差是方差的正平方根)，而协方差是衡量两项资产的相关性，资产 i 和 j(即本例中的 Sauron 和 Eld River)的协方差可表示为 σ_{ij}。

综上所述，由资产 1 和资产 2 组成的投资组合的方差为：

$$\sigma_P^2=(X_1^2\sigma_1^2)+(X_2^2\sigma_2^2)+2(X_1)(X_2)\sigma_{12} \tag{3.2}$$

为了直观地理解这个，我们可以把它想象成一个大麻袋，里面有一只兔子。麻袋会怎么移动呢？这完全取决于兔子怎么移动。现在再将一只大象放入麻袋。那么，这个麻袋又会怎么移动呢？一部分取决于大象的移动，一部分取决于兔子的移动。但是，大象的体积比兔子大得多，所以，这个麻袋的移动从外面来看是被大象带动的。把这个场景运用到式(3.2)中，投资组合中 X_1 和 X_2 占投资组合的比重就是大象和兔子的

重量占总重量的比重，σ_i 告诉我们这两种动物各自本身分别能移动多
57 少。由于大象(X_1)比较大，如果它移动了很多，就会对麻袋的移动产生较大的影响。如果大象根本没有移动，那么无论它体积有多大，都不会对麻袋的移动产生任何影响。对麻袋移动产生影响的第三个因素是这两只动物对彼此的反应如何。如果它们是彼此敌对的，就有可能比它们相辅相成时移动得更多①。负的协方差意味着两种动物是相互补充的，因此它们不会打架。正的协方差意味着它们很相似，因此会经常打架②。

将 Sauron 和 Elf River 公司的数据代入公式，得到 $\sigma_P^2=0.5^2\times 0.12^2+0.5^2\times 0.06^2+2\times(0.5)\times(0.5)\times\sigma_{12}=0.0011$，标准差是 $\sqrt{0.0011}=3.4\%$。

当我们在表 3.5 中对这三组预期收益率和方差进行比较时，有趣的事情发生了。

表 3.5　单一证券与投资组合的预期收益率与标准差比较

证券类别	预期收益率	标准差
Sauron	13%	12.0%
Elf River	5%	6.0%
投资组合	9%	3.4%

该投资组合比 Elf River 公司有更高的预期收益率与更低的标准差，是所有可能性中最好的选择。所以，Elf River 公司的投资就被投资组合所取代了。那么，会有别的无效投资组合吗？

答案是肯定的。为了看到这一点，我们所要做的就是改变投资组合

① 这就像阴阳。作为一名经济学家，我并不知道阴阳究竟是什么，但谈论它看起来很酷。

② 在这一点上，这个例子有点牵强，所以我们不会再深入讨论互补和互斥的精确定义了。

中各资产的投资金额。假设我们以 10%的增长幅度逐渐将投资组合中 Sauron 公司的权重从 0%(投资组合全部由 Elf River 公司组成)提高到 100%(投资组合中没有 Elf River 公司),并计算预期收益率与标准差,则计算结果如表 3.6 所示。

表 3.6 不同权重比例投资组合的预期投资组合收益率与标准差 58

Sauron 公司的权重	预期收益率	标准差
0%	5%	6%
10%	6%	4%
20%	7%	3%
30%	7%	2%
40%	8%	2%
50%	9%	3%
60%	10%	5%
70%	11%	7%
80%	11%	9%
90%	12%	10%
100%	13%	12%

将这些数据绘制在一张图表中就得到图 3.5。从图中可以明显看出,没有一个偏好高收益率、低风险的理性人会投资于任何无效投资组合。他们只会选择投资于有效投资组合①。

如果投资组合中有超过两种资产时会发生什么呢?预期收益率的计算仍很简单。但是,由于协方差的计算问题,方差会略复杂一些。因

① 顺便说一下,权重为负是完全可能的。负权重意味着投资者卖空资产(从别处借来然后卖掉),然后将这笔钱投到别的资产上。例如,如果你有 100 美元可投资,但你想要投资 120 美元到 Elf River 公司($X_2=120\%$),你可以做空 20 美元的 Sauron 公司($X_1=-20\%$),并将剩余的钱投资到 Elf River 公司($X_2=120\%$)。唯一重要的是权重之和为 100%。经济学家喜欢这样想,货币不能被创造或摧毁,就像物质和能源一样,这个概念能让我们看起来和物理学家一样聪明。

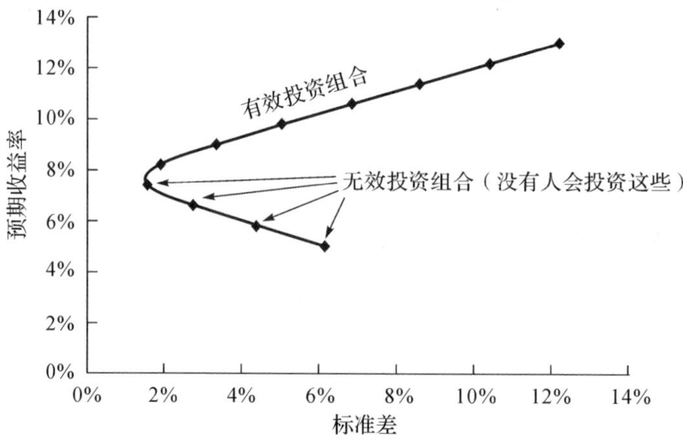

图 3.5　投资组合的风险与收益组合

为协方差公式一次只适用于两项资产，因为我们只能判断两项资产是往同一方向还是相反方向移动。如果我们再引进一项资产，我们就无法凭直觉去思考这三项资产是如何一起移动的（是三个中的两个往同一方向移动还是他们都各自移动）。所以，计算方差的唯一办法是计算投资组合中每一对可能资产的协方差，用每项资产的投资比例进行加权，并将所有加权协方差相加。 59

如果有三项资产，则存在下列 9 种组合方式，X_1 X_2 X_3 代表三项资产的投资比例，σ_{ij} 代表资产 i 和资产 j 之间的协方差。σ_{ii}（或 σ_i^2）代表了资产 i 的方差，也就是资产 i 与它自身的协方差。

$$\begin{bmatrix} X_1^2\sigma_{11} & X_2X_1\sigma_{21} & X_3X_1\sigma_{31} \\ X_1X_2\sigma_{12} & X_2^2\sigma_{22} & X_3X_2\sigma_{32} \\ X_1X_3\sigma_{13} & X_2X_3\sigma_{32} & X_3^2\sigma_{33} \end{bmatrix} = \begin{bmatrix} X_1^2\sigma_1^2 & X_1X_2\sigma_{12} & X_1X_3\sigma_{13} \\ X_1X_2\sigma_{12} & X_2^2\sigma_2^2 & X_2X_3\sigma_{23} \\ X_1X_3\sigma_{13} & X_2X_3\sigma_{23} & X_3^2\sigma_3^2 \end{bmatrix}$$

非对角线协方差项等于它另一侧的协方差项。例如 $X_1X_2\sigma_{12} = X_2X_1\sigma_{21}$ 等。一旦我们得到了所有的项，投资组合的方差就是所有项的总和。

$$\sigma_P^2 = (X_1^2\sigma_1^2) + (X_2^2\sigma_2^2) + (X_3^2\sigma_3^2) + 2(X_1)(X_2)\sigma_{12} + 2(X_1)(X_3)\sigma_{13} + 2(X_2)(X_3)\sigma_{23} \tag{3.3}$$

从这个公式和上述矩阵中能明显得出两个结论。一个结论是，每增加 1 项资产，项的数量就会急剧增加。对于 3 项资产，我们有 3×3＝9 项；对于 10 项资产，有 10×10＝100 项；对于 100 项资产，在等式中会有 10000 项。然而，另一个结论是，每增加 1 项资产只会增加 1 个方差项（对角线上的项），但会增加大量的协方差项（协方差是这项资产与其他所有资产的）。所以，对于 100 项资产，我们就有 100 个方差项和 9900 个协方差项。每多增加 1 项资产，我们就会增加 1 个方差项，但会增加 200 个协方差项！

这是我们考虑风险时要记住的最重要的事情之一。在计算任何投 60
资组合的风险时，单个的方差项完全被协方差项所淹没。

所以，现在假设我们正在绘制世界上所有可能资产的所有可能投资组合的收益风险组合，得到的图形会是什么样的呢？如图 3.6 所示。按照相同的预期收益率/标准差绘制所有可能的组合数据，就可得出最外层的凸包（见图 3.6）。

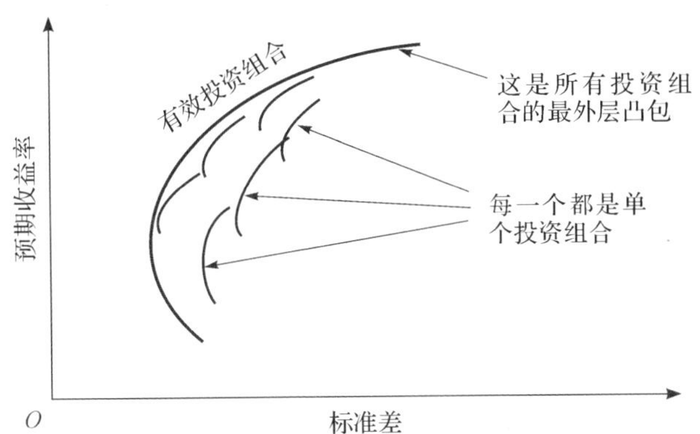

图 3.6　世界上所有可能的投资组合的风险与收益组合

理性投资者只关注凸包的上部，也就是有效投资组合的集合。所以基本上，在无数个可能的投资组合中，我们能排除掉位于凸包较下部分或凸面空间里面的所有无效投资组合。哈里·马科维茨(Harry Markowitz)因在这方面的研究在1990年获得了诺贝尔经济学奖。

但这还不够。当我们从无穷多的投资组合中消除掉无穷多的无效投资组合后,我们依然有无穷多的有效投资组合可供选择。哪个是最好的选择呢?这同样取决于投资者的风险厌恶程度,这一点并不完全令人满意。

61 这里有一种解决办法。当我们在绘制所有资产的所有投资组合时,我们不经意间漏掉了一种资产,就是无风险资产(risk-free asset)。什么是无风险资产?根据经济学家的观点,无风险资产是政府债券。但是哪一只政府债券呢?全世界有数百万种不同期限、以不同货币计价的政府债券。同样,有很多政府也出现了债务违约,所以这些债券也不是完全没有风险吧?

事实证明,经济学家们当然考虑到了这一点,他们对无风险资产有非常精准的概念。

第一,必须能够收回本金,也就是不能有违约风险。所有政府债券都这样吗?答案是肯定的,如果债券是用本国货币发行的。例如,你跑到美国政府那儿要求赎回你到期的10年期政府债券,如果政府没有钱,它只需要给印钞厂打个电话,印一些钱给你就行了。然而,如果债券并不是以本地货币发行,这就做不到了。例如,如果阿根廷政府以美元发债,债券到期时,阿根廷政府并不能印美元。

第二,通胀风险并没有被考虑进去。如果政府为了满足债权人的要求而一直印钞,货币价值就会下降,从而导致通货膨胀。但只要我们有钱(虽然其实就是一张纸),我们的债券就是无风险的。

第三,期限长短与币种其实并不重要。经济学家们诉诸无免费午餐理论来证明这一点。例如,无免费午餐理论的一种变体"无抛补利率平价"(uncovered interest parity)认为,如果两个国家的国内无风险利率

(risk-free interest rate)不一致，那么当债券到期时，汇率会从中进行调整，从而使得投资者实际上是投资国际债券还是国内债券并无差别。例如，一位欧洲投资者投资欧洲债券的可能收益为2%，而投资美国政府债券的可能收益为3%。如果她选择了美国政府债券，她就需要以当前的汇率将欧元兑换成美元，债券到期时，又兑换回欧元。如果有无抛补利率平价的存在，则到期时的汇率会进行调整，使得投资者在两次换汇后，从美国政府债券中获得2%的投资收益。虽然还有其他涉及远期合 62
约[抛补利率平价(cover interest parity)]的变体，但基本思路是相同的。

现在，假设我们有一项合适的无风险资产，那么这个无风险资产和其他投资组合组成的投资组合的预期收益率与方差是多少呢？预期收益率可以由式(3.1)计算得出。

$$E[R_C]=X_F\times R_F+X_1\times E[R_1] \tag{3.4}$$

其中，$E[R_C]$是该投资组合的预期收益率。要注意的是，由于无风险资产是无风险的，知道确定收益是多少，所以我们剔除了无风险资产的预期收益部分。

投资组合的方差 σ_C^2 是多少呢？无风险资产的方差为零，因为其收益不会随世界状态的变化而变化。此外，任何资产与无风险资产的协方差也为零，因为无论其他资产的表现如何，无风险资产的收益也是不会改变的。将这两项代入式(3.2)，得到

$$\begin{aligned}\sigma_C^2 &=(X_F^2\sigma_F^2)+(X_1^2\sigma_1^2)+2(X_F)(X_1)\sigma_{F1}=0+(X_1^2\sigma_1^2)+0\\ &=(X_1^2\sigma_1^2)\end{aligned} \tag{3.5}$$

于是，该组合的标准差就是方差的平方根或 $X_1\sigma_1$。

叠加式(3.4)和式(3.5)可得出结论：无风险资产和有风险资产组成的任何投资组合均位于预期收益和标准差空间内的直线上。但投资者选择哪条直线呢？从图3.7中可以看到，答案是显而易见的。没有人会

选择一个由无风险资产和其他投资组合组成的但落在凸包之下的组合，因为这种组合是无效的。例如，P_1 和 P_2 就不是可行的投资组合。以最小风险获得最高回报的唯一可行方案是无风险资产与一个有效投资组合的组合。

但是，哪个又是有效投资组合呢？由于有效边界是所有内部投资组合的凸包，因此我们很容易看到，无风险资产与有效边界有且只有一个切点，就是图 3.7 中的 M 点。

63

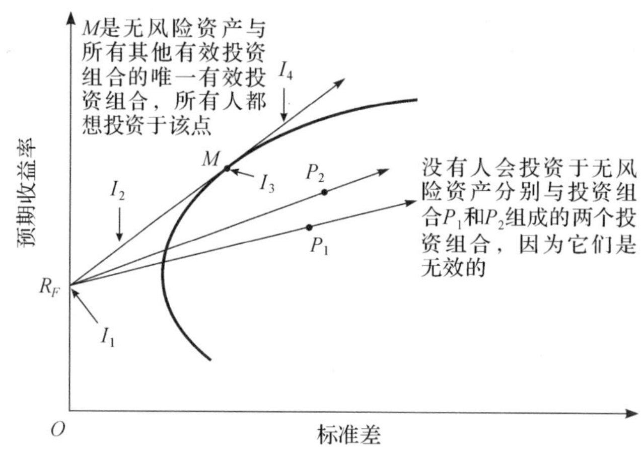

图 3.7　任何含无风险资产的投资组合的风险与收益组合

很容易看到，相比于其他有效投资组合，每个投资者都会更倾向于由无风险资产和投资组合 M 组成的投资组合。例如，如果一个完全风险厌恶的投资者可能会将他的投资组合 100% 投资于无风险资产（图 3.7中的 I_1）。中度风险厌恶的投资者可能会一半投资于无风险资产，一半投资于投资组合 M（图 3.7 中的 I_2）。风险容忍度相对较高的人也许会选择全部投资于投资组合 M（图 3.7 中的 I_3）。风险容忍度极高的人可能会选择在无风险资产上投资一个负数，如－20%，在投资组

合 M 中投资超过 100%[①]（图 3.7 中的 I_4）[②]。

在任何情况下，投资于无风险资产 R_F 和 M 线上的人的收益都要高于投资于其他有效投资组合的人。因此，所有的投资者，无论他们的风险偏好如何，都会选择 R_F 和 M 的投资组合。具体的组合比例取决于各自的风险容忍度，但是最优选择的两个基本组成部分是相同的，即无风险资产和投资组合 M。威廉・夏普（William Sharpe）与之前已经提及 64
的哈里・马科维茨（Harry Markowitz）因此获得了 1990 年的诺贝尔经济学奖。

什么是投资组合 M？它只是有效边界上的一个切点，我们通常称之为市场投资组合（market portfolio）。如果无风险资产的收益率发生变化，市场投资组合也会发生变化（因为切点发生了变化）。

第五节　推导资本资产定价模型

图 3.7 也可用于推导资本资产定价模型（CAPM）。连接无风险资产和 M 的线上的任何投资组合的预期收益率是多少？将图 3.7 中的无效资产组合清除后，得到图 3.8。

根据高中几何学，这条线的等式为：

$$y = 截距 + 斜率 \times x$$

在此处，y 是 Y 轴上的变量，即预期收益率 $E[R_p]$。X 轴测量投资组合 σ_P 的标准差。截距是某一直线与 Y 轴的交点（即 $x=0$ 时的交点），在本例中就是 R_F。斜率是直角三角形的垂线/底。在图 3.8 中，我们得 65
到了这样一个直角三角形，所以斜率是 $\dfrac{R_M - R_F}{\sigma_M - 0}$。

---

① 确切地说，是 120%，因为总的百分比需加起来为 100%。

② 一个人如何对无风险资产进行负比例投资呢？其实很简单。假设投资者一开始有 100 美元，先以无风险利率借 20 美元，然后将 120 美元投资于投资组合 M。

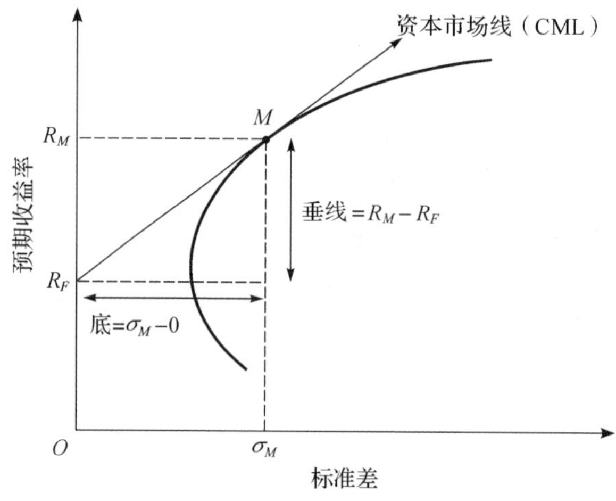

图 3.8　资本市场线

综上所述，投资者选择的任何投资组合的预期收益率为：

$$E[R_P]=R_F+\frac{R_M-R_F}{\sigma_M}\times\sigma_P \tag{3.6}$$

这是资本资产定价模型的一个版本，然而它不是最广为人知及最受喜爱的一个版本[①]。

为了得到那个版本，我们需要回溯一下。在讨论式(3.3)时，我们试图推导投资组合的标准差，在计算任何投资组合的风险时，单个方差项完全被协方差项所淹没。所以重要的是协方差，而不是方差。但是是与谁的协方差呢？从上一节开始，世界上的每个投资者都持有一个由无风险资产和市场投资组合 M 组成的投资组合。任何资产与无风险资产的协方差是零。所以唯一要关注的是与市场投资组合的协方差。这能真正衡量出一项资产的风险程度——该资产与投资者已经持有的市场投资组合之间的共变程度。

仅仅使用该资产与市场投资组合的协方差会有什么问题呢？假设

---

① 并不是这样。

市场是极其波动的，所以协方差也会很大。但是资产的风险并没有改变。所以，我们需要剔除市场的方差。具体来说，将该项资产与市场投资组合之间的协方差除以市场的方差得到的值称为 β。

$$\beta=\frac{\operatorname{cov}(R_i,R_M)}{\sigma_M^2}=\frac{\sigma_{i,M}}{\sigma_M^2} \tag{3.7}$$

为了得到 CAPM，我们还需要一个步骤。回想一下，无风险资产与其他任何资产的协方差都是零。所以，无风险资产的 β 等于零。同样，任何资产与其自身的协方差就是方差。将此代入式(3.7)，得出：市场投 66
资组合的 $\beta=1$。

有了这些铺垫，我们现在就能计算 CAPM 了。图 3.9 与图 3.8 几乎是一模一样的，除了 X 轴代表了 β，而不是标准差 σ_P。

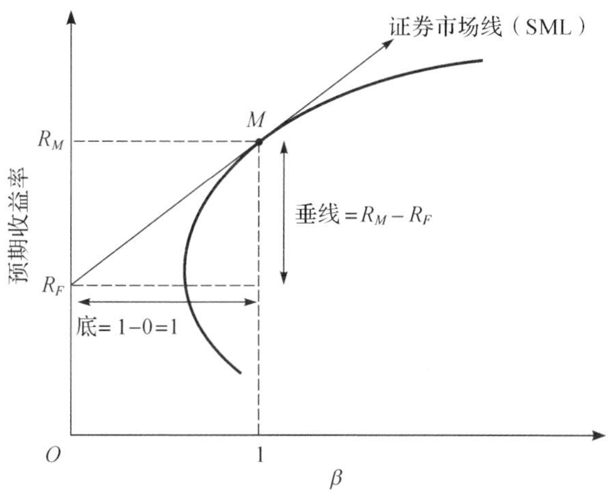

图 3.9　证券市场线

既然市场投资组合的 $\beta=1$，那么，证券市场线(security market line，SML)的等式为：

$$E[R]=R_F+\frac{R_M-R_F}{1}\times\beta$$

或者是更熟悉的形式：

$$E[R]=R_F+\beta\times(R_M-R_F) \tag{3.8}$$

这个等式就是我们熟悉的 CAPM 模型。它告诉我们，如果我们知道无风险利率 R_F、市场风险溢价(market risk premium)$(R_M - R_F)$以及任何资产的 β，我们就可以把这些数字代入 CAPM 模型，折现率就会出现在等式的另一边。折现率是净现值公式中两个显性输入量之一。

还需要附带说明一下，由于 SML 是一条直线，直线上的任意一点都
67 可以用直线上任意两点的线性组合来表示。这实质上意味着，任何投资组合的 β 值也是其各组成部分 β 值的线性组合。

$$\beta_P = w_1\beta_1 + w_2\beta_2 + w_3\beta_3 + \cdots \tag{3.9}$$

其中，变量 w 是各项资产在投资组合中的权重。

那么，什么是市场投资组合呢？不幸的是，我们并不知道。市场投资组合是无法衡量的。它是世界上所有资产的特殊组合。但有个问题是，有些资产是不能被自由交易的。如人力资本（你受过的教育与拥有的技能）不能被转换成一定数量自由买卖[1]。同样，房屋流动性较差，也较难定价。所以，我们采用宽泛的指数，如罗素 3000 指数（Russel 3000）、标普 500 指数（S&P 500）或者 CRSP 价值加权指数（CRSP value-weighted index），并假设[2]这些指数非常接近于真实的市场投资组合。

假设标普 500 指数是市场投资组合中一个很好的近似值。我们的问题就此解决了吗？并没有。我们在第二章的 NPV 公式中需要的数字是预期折现率[式(3.8)等号的左边]。为了正确地计算它，我们还需要两个关于 β 值的数字——市场风险溢价$(R_M - R_F)$和无风险资产。

不幸的是，我们也不知道市场风险溢价是多少。因此，我们做出第二个假设：在很长一段时间内，我们的市场投资组合的收益和无风险资产的收益之间的历史差异足够稳定，可以作为未来的一个很好的近似

① 例如，你无法将你的 3 个 MBA 学位与 4 个本科学位卖给别人。
② 模拟。

值。但是很长一段时间又是多长呢？其实我们也不知道。不同的学者追溯了过去 80～100 年的价格，得出两者之间的差距大致在 5%～8%。基本上，作为公司的职业经理人，你所要做的就是在这个范围内选择任一数字，并坚持下去。

那么 β 值呢？对于未来的预期收益，我们需要知道未来投资期间的 β 值。但是，我们也不知道。我们只能做出另一个假设——公司与市场
的历史协方差是恒定的，并与预期 β 相近。所以我们选取一段时间（比 68
如说过去五年），测量这段时间内公司历史收益率与市场收益率之间的协方差。这样就能得出历史 β，把它当作未来 β 值的代理值。

为什么是五年呢？原因很简单。选择一个更长的时间周期可以让我们获得一个更稳定的 β 值。然而，如果商业环境变化迅速，使用太长的周期会导致估算出的 β 值与我们实际需要的 β 值相去甚远。因此一个粗略的经验法则是，如果业务发展迅速，就选择一个较短的周期来计算 β 值（但不能太短，否则 β 本身将变成一个干扰项）。如果该商业模式已经稳定与成熟，更长的周期可能更好。

然而，本章最后的重点却很简单。我们在推导 CAPM 中最重要的理论假设是，投资者最关心的是平均收益率与方差。如果这个假设成立，那么，CAPM 将告诉我们任何资产的预期收益率是多少，而这个预期收益率就是我们在第二章的 NPV 公式中所需要的折现率。

但故事并没有就此结束。公司的风险（现在仅仅指 β 值）同样受到杠杆的影响。要知道为什么，我们需要引入公司金融的第三个理论——资本结构理论。

第四章　资本结构理论

学习要点

- 为什么杠杆会影响折现率？一个直观的解释
- 完善高效的资本市场中的资本结构
- MM 定理
- 存在税收情况下的资本结构
- 权衡假说
- 啄序假说

第一节　为什么杠杆会影响折现率？一个直观的解释

到目前为止，我们已经介绍了公司金融所涉及的六个基本概念和理论中的两个：净现值（NPV）和资本资产定价模型（CAPM）。净现值公式有两个明确的输入变量：现金流量和折现率。其中折现率由 CAPM 给出。但除此之外，折现率还受到第三个隐性输入——企业债务额——

的影响。对这一因素的直观解释就是：投资者由于考虑到了公司破产的风险，为具有较高违约可能性的公司支付较低的价格（要求更高的回报）。尽管这是事实，但这并不是全部答案。在公司有债务的情况下，即使公司没有破产的风险，投资者也将支付较低的价格。这是因为，在现代商业制度下，通常公司的债权人比一般股东拥有更优先的求偿权。对于一般股东来说，杠杆可以提高回报并减少自己风险资金的投入。

假设某项投资在初始投入 100 美元的情况下，最终会收回 101 美元或 99 美元。这将是±1%的回报。现在，假设你从母亲那里借了 99 美元，而自己只投资了 1 美元。同时，你的母亲是一个非常好的人，不要求 71
你支付任何的利息，但是你希望在得到回报之前归还她的投资。此时，你母亲的投资就像是你的债务。

如果投资做得好，你可以收回 101 美元，向母亲退还 99 美元，自己保留 2 美元。以 1 美元的初始投资来计算，这代表 100%的回报。如果投资做得不好，你可以收回 99 美元，并将其全部退还给你的母亲，而自己却一无所有。这种情况下，你损失了所有初始投资，回报率为－100%。由此可以看出，杠杆使你能够将±1%的回报转换为±100%的回报。你有可能赚很多钱，但也会损失很多钱。这是存在债务时股东风险增加的主要来源。这同时也是许多对冲基金和私募股权公司获得巨大回报的主要途径。下次你听到某对冲基金正在产生超额收益时，你可能想问自己，这些收益是来自卓越的管理能力还是由杠杆产生的。

但是，这种额外的风险究竟能产生多少额外的回报？要回答这个问题，我们需要学习公司金融中第三个重要的知识点——资本结构理论。这一理论的提出者弗朗哥·莫迪利亚尼（Franco Modigliani）和默顿·米勒（Merton Miller）分别于 1985 年和 1990 年获得了诺贝尔经济学奖。像目前我们已经涉及的知识点一样，这一理论看起来似乎也很简单。

第二节　完善高效的资本市场中的资本结构

想要了解为什么资本结构理论被授予诺贝尔经济学奖，我们首先要思考他们试图解决什么问题。最基本的问题是：借多少钱才是最合理的？一般而言，企业可以通过以下途径来筹集必要的资金进行投资：发行股票、发行债券或者使用留存收益。其中哪个途径是最优的？

在当时，这一领域的时间序列和横截面的实证研究均无法对上述问
72 题提供具有说服力的答案。相对于股权，企业所筹集的债务似乎是随时间变化的。同时，不同国家的企业之间也存在着明显的差异。在跨时间或跨国家的债务权益比率不具有普遍性的情况下，学者们还试图对发行债券的公司在发行时获得的是正收益还是负收益进行实证检验。不幸的是，这一问题也不存在一致性。一些公司发行债务并获得了正收益，这似乎意味着债务是一个好主意。但是，也有其他公司发行债务但获得了负收益，得出的结论恰恰相反。

为什么会这样？造成这一问题的核心在于，企业不是仅仅发行债务，然后就停了。他们还要将所筹资金用于投资某种资产。如果这一资产的 NPV 值为负，则发行债务的初始公告将带有负收益。但是市场将对公司的投资做出反应，而不是对公司发行债务本身做出反应，莫迪利亚尼和米勒的基本见解是将企业的投资决策与融资决策相分离[①]。

莫迪利亚尼和米勒首先进行了一些简化的假设。他们假设市场是有效的，每个人都有对称的信息，买卖双方不能通过交易资产来影响价格（市场完全竞争），没有交易成本，没有税收（个人或公司），并且没有律

---

① 到目前为止，所有金融思想背后的天才都涉及某种独立的决策。例如，NPV 的理论使公司的管理人员能够将投资者的投资偏好与公司的投资决策分离，而投资组合理论则可以使管理人员忽略投资者的风险厌恶程度，而只关注他们的投资组合持有决策。

师(无破产费用)。在这些假设(在公认的理想世界中)前提下,他们进一步假设,只存在两种情形,公司发行债务但随后用这笔钱回购股票,或者公司发行股票,然后用这笔钱偿还债务。无论发生这两种情形中的哪一种,对应公司的资产负债表的资产端都会保持不变。从而,如果公司的价值发生变化,那只能是直接受到发行或偿还债务的影响。

进一步地,他们做了以下定义:

1. 全股权融资公司的价值为 V_U(等于 E_U 的股权价值)。U 代表无杠杆,即没有债务的公司。

2. 一家拥有相同资产但同时具有一些债务的公司[①],债务 D_L 和股 73
权 E_L,公司的价值为 V_L(其中 L 代表杠杆)。此时,债务在公司负债总额中的权重由 D_L/V_L(或简称 D/V)给出,股权权重为 $E/V=1-D/V$。

3. 公司借钱的利率为 r_D。

4. 股东期望的回报率(股权融资的成本)为 r_E。

5. 在全股权融资公司(价值为 V_U)的特殊情形下,股权成本为 r_0(此处的 0 代表没有债务)。

6. 公司的总资本成本是加权平均资本成本($WACC$)。

7. 公司处于稳定状态,即没有一般性损失,折旧额取决于资本支出和营运资本的变化。因此,资本支出足以替代因时间而造成的物理损耗(按折旧计算)所消耗的资产。尽管此假设不是严格必要的,但它简化了公司从其所有活动中产生的现金流量的公式。也就是说,在这种情况下,公司产生的现金流量(称为自由现金流量,FCF)就是其息税前利润。

加权平均资本成本由下式计算而来:

$$WACC=r_D\frac{D}{V}+r_E\frac{E}{V} \tag{4.1}$$

在这一设定下,莫迪利亚尼和米勒试图回答以下三个问题:

---

① 甚至工人和高管都是克隆人。

1. 当公司具有杠杆时，其价值如何变化？换句话说，V_L 是否与 V_U 不同？由于资产是相同的，所以两者唯一的区别就是债务是否具有某种内在价值。

2. 当债务权益比率发生变化时，预期权益收益率 r_E 会如何变化？回想一下，在没有任何债务的情况下，预期的股本回报率为 r_0。当公司具有杠杆时，发生变化了吗？

3. 当公司具有杠杆后，公司的总资本成本（*WACC*）发生了怎样的变化？

74 他们对这三个问题的回答令人惊讶。对于第一个问题，他们认为，在一个完善有效的资本市场（没有税收，也没有律师）中，债务是无关紧要的，也就是说，在完善有效的资本市场中：

$$V_L = V_U \tag{4.2}$$

但是，他们在第二个命题中进一步说，当股东必须在获得收益之前还清债务时，股东承担的风险更大（如本章第一节的直观表述）。因此，在存在债务的情况下，股东要求的回报率会上升，$r_E > r_0$。

对于第三个命题，莫迪利亚尼和米勒认为，尽管股东要求更高的预期收益，但最终会被债权人要求的更低收益所抵消，因此公司的总资本成本与以前完全相同。也就是说，$WACC = r_0$。

莫迪利亚尼和米勒对上述三个问题的回答就是我们所说的无税条件下的 MM 定理（米勒-莫迪利安尼定理）。证明 MM 定理的核心是不存在免费午餐（没有套利），即如果两个资产具有相同的收益，则它们必须具有相同的初始成本。

为了直观地得出无税条件下的 MM 定理的证明，请将该公司想象成一个价值 10 美元的巨型比萨。最初，你拥有整个比萨，你可以吃掉它并从中获得价值 10 美元的满足感[①]。假设你要将一部分(比如一半)比萨出售给其他人,并将此人称为债权人。你可以收取的有效价格为 5 美元。你可以尝试收取更多费用,但债权人不会支付。你可以收取较少的费用,但是如果债权人愿意支付 5 美元,你为什么要做这样的选择呢?因此,现在你只剩下 5 美元现金和 5 美元的比萨满足感。从总体效用来说,你的状态并没有变化。如果愿意,你可以再购买价值 5 美元的比萨,从而恢复到最初的状态。上述过程成立的关键是比萨的价值不会改变。

一个直接的问题是这两个场景(比萨和公司)不是相似的。具体来说,发行债务之后,你需要在整个存续期内支付债务利息(你需要支付一系列年度利息)。但出售比萨并不会使你明年再支付任何费用。此时的关键仍是有效市场假设。债权人向你支付他们将收到的所有利息的现值[使用式(2.2)或式(2.4)]。而这就是你发行的债券的价值。本质上,在有效市场中,所有证券的净现值为零。买卖双方都不会愚蠢地购买 75
(或发行)NPV 为负的证券。你可以保留债权人支付的资金,但不进行投资,只是用其来支付利息。因此,实际上,债券并不包含未来的收益承诺。当然,在现实生活中,你会拿出这笔钱并将其投资到具有正 NPV 的投资机会中,并以股东身份保留额外产生的投资收益。

要更深入地理解这一问题,请想象对有杠杆和无杠杆的公司进行投资的情形。假设,我们要购买某一无杠杆公司 10%的股份和某一有杠杆公司 10%的股份。由于有杠杆的公司既有债务又有股权,这意味着我们购买的是该公司 10%的债务(债券)和 10%的股权。由于两家公司的市值分别为 V_L 和 V_U,因此这两种策略的成本分别为 $0.1\times V_U$ 和 $0.1\times V_L(=0.1\times E_L+0.1\times D_L)$。

---

① 由于我们假设市场是有效和充分竞争的,因此,如果比萨给你带来的满足感的价值超过 10 美元,那么比萨卖家就是向你收费不足,并且将被效率更高的承包商取代而倒闭。如果比萨饼给你带来的满足感的价值不足 10 美元,你将永远不会再从该地方购买比萨饼,而由于竞争激烈,比萨商店将再次被淘汰。

同时,两家公司的资产都是相同的。这意味着它们都产生完全相同的自由现金流和息税前利润。因此,作为对无杠杆公司 10%股权投资的回报,你将获得 10%的自由现金流量$=0.1\times EBIT$。

那对于有杠杆公司呢?这实际上取决于有杠杆公司所欠的债务。假设公司已经以利率 r_D发行了债务 D_L。因此,利息金额为 $r_D\times D_L$。作为债权人,你拥有其中的 10%。这意味着你得到的利息为 $0.1\times r_D\times D_L$,剩余金额($EBIT-r_D\times D_L$)归股东所有。但是你也拥有剩余金额的10%,因此,你还将得到 $0.1\times(EBIT-r_D\times D_L)$作为股利。将两者加在一起,你的总收益为 $0.1\times r_D\times D_L+0.1\times(EBIT-r_D\times D_L)=0.1\times EBIT$,与从无杠杆公司得到的收益完全相同。因此,根据无套利原则,这两种策略必须具有相同的初始成本。换句话说,$0.1\times V_U=0.1\times V_L$ 或 $V_L=V_U$,这就是命题 1。特别有趣的是,债券的利率或已发行债务的数量与命题 1 的证明过程完全无关。

再具体一点,假设两家公司每年都产生 100 美元的 EBIT(它们是非常小的公司)。拥有无杠杆公司股权的 10%的成本为 $0.1\times V_U$,并以股息形式返还 10 美元。同时假设没有任何的税,无论是个人税还是公司
76 税,因此全部款项都归股东所有。拥有 10%的股权和 10%的债务的成本为 $0.1\times E_L+0.1\times D_L=0.1\times V_L$。假设该公司以 5%的利率发行了100 美元的永久债务。此时,该公司产生 100 美元的 EBIT,以利息形式支付 5 美元,以股利形式支付 95 美元。因此你将获得 0.5 美元的利息和 9.5 美元的股息,共计 10 美元,与无杠杆情况完全相同。

假设该公司实际发行了利率为 8%的 1000 美元的永续债务。然后,该公司使用其 EBIT 以利息形式支付利息 80 美元,以股利形式支付20 美元。你分别以利息和股利的形式获得 8 美元和 2 美元,还是和无杠杆情况完全相同。利率和现有债务的数量无关紧要。此时你可能会问:“如果公司发行过多的债券,那么破产的风险又会如何呢?”

为了回答这一问题,我们假设我们生活在一个没有破产成本和税收的完美世界中。这很重要,因为存在破产风险与破产成本之间的差异。假设没有破产成本,如果公司在没有律师介入的情况下无法按时支付其债权人利息,则该公司的所有权可以直接地从股东转移到债权人。然后,现在是新股东的原债权人将继续执行与以前相同的 NPV 为正的项目(为什么要放弃赚钱的机会)。因此,公司的价值保持不变。只是所有者发生了变更。破产的成本之所以增加,是因为所有权并不能直接进行这样的转移。债权人和股东都试图最大化自己的收益,因此各方都将采取破坏公司价值的行动(例如,投资于 NPV 为负的项目并聘请律师以最大化其利益)。讨厌的律师[①]!

因此,在理想情况下,无论公司发行多少债务,也不管支付多少利息,公司的价值都保持不变。

我们也可以用另一种方式来看这个例子。假设只有一家公司的股权(无杠杆公司),每年的息税前利润为 100 美元。作为股东,你通常拥有 10%的股权,成本为$0.1\times V_U$。该公司的首席执行官宣布公司将发行利率为 20%的 150 美元的永续债券。这意味着从明年开始,该公司将
无法将全部 100 美元的 EBIT 作为股息。因为它将不得不首先向其债 77
权人支付利息,支付的股利总额将为 $100-0.2\times150=70$ 美元。由于你拥有 10%的股利,因此你的股利支付将降至 7 美元。你应该为此而感到吃惊吗?

其实并不用,原因是该公司将用其筹集的资金做些事情。根据莫迪利亚尼和米勒的假设,此时不允许公司将筹集到的钱用于投资。因此,它通过债权转股权将这些钱直接支付给股东。作为 10%股权的所有者,你可获得 15 美元。然后你会用它做什么?你可以以 20%的利率进行投资。这笔投资将产生 3 美元的利息,对你来说还是和之前一样。换

① 对可能正在阅读本书的律师表示歉意。

句话说，有杠杆公司可以通过借贷来抵消其杠杆。你在哪里可以找到支付20%利息的投资？该公司刚刚发行了价值150美元的债券，收益率为20%，用你的15美金，你可以购买这些债券的10%。

让我们看一下这个示例的最后一个拓展。假设仅有一家公司（有杠杆公司），该公司每年的息税前利润为100美元。该公司还发行了150美元的永久债务，利率为20%。你拥有10%的股权（无债务），成本为$0.1\times E_L$。因为债权人拥有优先求偿权，所以支付的股息总额为$100-0.2\times150=70$美元。由于你拥有其中的10%，因此你支付的股息为7美元。此时，这位首席执行官宣布，该公司明年将偿还其债务，从而使该公司可以将其全部100美元的EBIT作为股息支付。因此，你在明年获得的股息将增加到10美元。此时，你应该感到高兴吗？

其实也不用感到高兴，因为此时，该公司必须从某处获得金钱以偿还债务。根据莫迪利亚尼和米勒的假设，该公司不允许通过出售资产来获得资金。因此，它必须通过债权转股权向股东寻求资金。作为拥有10%股权的股东，你需要为此支付15[1]美元。那么在哪里可以得到这笔钱？你需要从某处借钱[2]。你可以以什么利率借钱？根据莫迪利亚尼和米勒的假设（完美世界，信息对称），你将需要支付20%的费用。这意味着，在每年派发给你10美元股息时，你必须支付3美元，最终获得7美元的回报，还是和以前一样。换句话说，如果公司抵消了杠杆的作用，那么你可以通过借贷创建自己的杠杆来再次抵消公司所做的任何事情。

78 莫迪利亚尼和米勒的第二个命题是：当存在杠杆作用时，股权的风险会上升。在本章的第一节中，我们看到这与破产风险无关。即使在没

---

① 如果你选择不付款也可以，但是你将拥有更少份额的无杠杆公司的股权（准确地说是7%）。

② 假设你不需要借钱。你非常有钱。这会改变你的最终收益吗？你会过得更好吗？不，因为经济学家说你将忽略机会成本。如果你不将钱交给公司，则可以按20%的利率投资。通过把钱交给公司，你错失了这20%的利息，这与说你以20%的利率借款一样。

有破产的情况下，股东的风险也会上升，这主要是因为股东的权益在公司总资产中所占的比例较小，从而放大了公司股东所获得的收益（正面或负面）。净资产收益率的公式如下：

$$r_E = r_0 + (r_0 - r_D)\frac{D}{E} \tag{4.3}$$

由于 r_0 大于 r_D（因为股权的求偿权次于债权，所以股东承担的风险比债权人高），因此（$r_0 - r_D$）为正，D/E 也为正。从而，$r_E > r_0$。与其正式证明这一点，不如通过一个例子来说明。我们来看表 4.1 中的三种不同方案。

表 4.1　不同杠杆水平下的权益预期收益率

指标	A	B	C
预期息税前利润（美元）	200	200	200
资产（美元）	1000	1000	1000
无杠杆公司股权的预期收益率 $r_0 = EBIT$/股东权益 $= EBIT$/资产	20%	20%	20%
（假设）折现率 r_D	8%	8%	8%
债务（美元）	0	500	750
股东权益（美元）	1000	500	250
债务权益比率	0	1	3
已付债务利息（美元）	0	40	60
净收入 $= EBIT -$ 利息（美元）	200	160	140
有杠杆公司的股权收益率 $r_E =$ 净收入/股东权益	20%	32%	56%

在每种情况下，公司的资产都是相同的，因此它获得的息税前利润完全相同。三种情况之间的唯一区别是负债总额不同（股东权益＝资产－负债）。在表 4.1 中，权益成本从无杠杆情况下的 20%增加到高杠杆 79
情况下的 56%（情景 C）。请注意，我们可以用式（4.3）来证明。例如：

$$\text{情景 B：} r_E = 20\% + (20\% - 8\%) \times \frac{1}{1} = 32\%$$

$$\text{情景 C：} r_E = 20\% + (20\% - 8\%) \times \frac{3}{1} = 56\%$$

为什么股东所要求的收益(权益成本)会增加?因为他们承担了更大的风险。试想,如果公司产生的实际息税前利润不是200美元,而是100美元,会发生什么?表4.2说明了表4.1中三个不同级别的杠杆作用。

表 4.2 当公司获得的收益低于预期时,预期收益与实际收益之间的差异

指标	A	B	C
实际息税前利润(美元)	100	100	100
资产(美元)	1000	1000	1000
无杠杆公司权益的已实现收益率 $\check{r}_0 = EBIT$/股东权益 $= EBIT$/资产	10%	10%	10%
折现率 r_D(不变)	8%	8%	8%
债务(美元)	0	500	750
股东权益(美元)	1000	500	250
债务权益比率	0	1	3
为债务支付的利息(按照 r_D)(无破产成本,因此必须支付)(美元)	0	40	60
净收入 $= EBIT -$ 利息(美元)	100	60	40
有杠杆公司股权的已实现收益率,$\check{r}_E =$ 净收入/股东权益	10%	12%	16%
预期收益率 r_E	20%	32%	56%
与预期收益率的偏差	−10%	−20%	−40%

债务水平越高,与预期收益率的偏差就越大。如果公司的息税前利润出乎意料地高(例如是400美元,而不是200美元),则债务水平越高,股东所获得的实际回报就越高。从表4.3中可以很容易地看出这一点。

80 **表 4.3 当公司获得的收益高于预期时,股东预期收益与实际收益之间的差异**

指标	A	B	C
实际息税前利润(美元)	400	400	400
资产(美元)	1000	1000	1000

续表

指标	A	B	C
无杠杆公司权益的已实现收益率 $\check{r}_0$ = $EBIT$/股东权益 = $EBIT$/资产	40%	40%	40%
折现率 r_D(不变)	8%	8%	8%
债务(美元)	0	500	750
股东权益(美元)	1000	500	250
债务权益比率	0	1	3
为债务支付的利息(按照 r_D)(无破产成本,因此必须支付)(美元)	0	40	60
净收入 = $EBIT$ − 利息(美元)	400	360	340
有杠杆公司股权的已实现收益率,$\check{r}_E$ = 净收入/股东权益	40%	72%	136%
预期收益率 r_E	20%	32%	56%
与预期收益率的偏差	20%	40%	80%

简而言之,杠杆放大了收益,无论是正的还是负的。这增加了股东所承担的风险。我们还可以将这种风险的增加直接与 CAPM 联系起来。回想一下,CAPM 中的风险是由其 β 系数所给出的。如果无杠杆公司的 β 系数由 β_U 给出,而有杠杆公司的 β 系数由 β_L 给出,则:

$$\beta_L = \beta_U \left(1 + \frac{D}{E}\right) \tag{4.4}$$

这个方程式从何而来?它实际上来自投资组合理论,特别是来自式(3.9)。回想一下,投资组合的 β 是其所有组成部分的 β。此时的公司可以看作是其负债的投资组合(我可以通过购买其所有债务和股权来购买整家公司)。因此,企业资产方的 β 系数必须等于债务和权益 β 系数的加权总和。但是在没有杠杆的公司中,没有债务,因此资产的 β 值必须等于其权益的 β 值。从而有:

$$\beta_A = \beta_U = \frac{D}{V}\beta_D + \frac{E}{V}B_E$$

81 假定债务是无风险的(因为没有破产成本),从而 $\beta_D=0$。因为 $\beta_E=\beta_L$,我们可以得出:

$$\beta_U=\frac{E}{D+E}\beta_L \quad 或者 \quad \beta_L=\frac{D+E}{E}\beta_U$$

与式(4.4)相同。

将具有杠杆的 β 代入 CAPM 中,我们可以直接得出股权回报。而将无杠杆的 β 代入 CAPM 中,我们可以得出全股权融资公司的股权回报。

$$r_E = r_F + \beta_L(r_M + r_F) \qquad r_0 = r_F + \beta_U(r_M - r_F)$$

莫迪利亚尼和米勒的最后一个结论是,尽管股东在存在债务的情况下要求更高的回报率(提供更低的价格),但是由于没有破产成本,债权人并没有提高他们所要求的回报水平。随着债务的增加,两者正好相互抵消,无论公司的债务水平如何,总的资本成本都保持不变。

$$WACC = r_0 \tag{4.5}$$

这同样很容易证明。我们知道 WACC 由式(4.1)给出,r_E 由式(4.3)给出。将式(4.3)代入式(4.1),求解即可得到式(4.5)。

$$WACC = r_D\frac{D}{V} + r_E\frac{E}{V}$$

$$WACC = r_D\frac{D}{V} + \left[r_0 + (r_0 - r_D)\frac{D}{E}\right]\frac{E}{V}$$

$$WACC = r_D\frac{D}{V} + r_0\frac{E}{V} + (r_0 - r_D)\frac{D}{V}$$

$$WACC = r_0\frac{E}{V} + r_0\frac{D}{V} = r_0$$

82 让我们通过一个例子来更直观地理解这一结论。假设你经营一家无杠杆公司,目前的股本成本(折现率)为 10%。你的首席财务官(CFO)来找你,说债权人是非常好的热心肠①,只要求 6% 的回报。此

① 这是假设的。金融行业没有热心肠。

时，作为首席执行官，你决定回购公司一半的股权并发行债券。这样做会让你过得更好吗？

莫迪利亚尼和米勒的回答是并不会。尽管债权人确实只要求6%的回报，但由于债务使得风险增加，股东会要求更多的回报。此时，我们将数字代入式(4.3)：

$$r_E = 10\% + (10\% - 6\%) \times \frac{1}{1} = 14\%$$

非常不幸，14%和6%的平均值仍然是10%。这让你很生气，这些忘恩负义的股东要求更高的回报，而好的债权人只要求6%的回报。于是，你决定减少股东的数量。那么，假设你最终有99.99%的债务(只剩下1名股东)，股本成本会怎样变化？答案是它会进一步上升。

$$r_E = 10\% + (10\% - 6\%) \times \frac{99.99}{0.01} = 40006\%$$

但是总的资本成本保持不变。如果你把最后一位股东都淘汰掉会怎样？此时，你只留下债权人，对吗？现在肯定可以减少资金成本吗？我们再来回顾一下，什么是股东？事实上，股东是指在其他人的钱都被付清后获得剩余收益的人。考虑到现在没有股东，在这种情况下谁能得到这些剩余收益？现在剩下的只有债权人，他们就是换了名字的股东。因此，100%债务融资的公司与100%股权融资的公司是一样的。一开始我们就知道，以100%股权融资的公司的股东期望的回报率是10%。

你可能会注意到，所有莫迪利亚尼和米勒的证明几乎完全取决于不提供免费午餐(无套利)的假设：如果两个项目的收益相同，则它们的初始价格必须相同；否则，你可以免费享用午餐(可以进行套利)。

到目前为止，我们已经分析了一个完美的世界。现在让我们来看看 83
具有税收的情形有何不同。

第三节 存在税收情况下的资本结构

首先，我们做和上一节一样的定义：我们拥有一家价值 V_L 的有杠杆公司，一家价值 V_U 的无杠杆公司，相同的息税前利润，借款利率为 r_D，股本成本为 r_E，以及所有其他相同的条件。此时，我们引入了一个新的定义，即公司税 τ_C。它是公司支付利息后就其收益应支付的税款。实际上，这意味着公司的债务成本比以前更低。它向债权人支付 r_D，但从政府那里获得 $\tau_C \times r_D$ 作为税收抵免。因此，其有效借入利率为 $r_D(1-\tau_C)$。从而，此时的加权平均资本成本 *WACC* 为：

$$WACC = r_D(1-\tau_C)\frac{D}{V} + r_E\frac{E}{V} \tag{4.6}$$

和之前一样，我们需要回答相同的三个问题：

1. 杠杆如何改变公司的价值？V_L 是否与 V_U 不同？

2. 当债务权益比率改变时，预期的股本回报率 r_E 会如何变化？在没有任何债务的情况下，预期的股本回报率为 r_0。当企业具有杠杆之后，会发生变化吗？

3. 随着公司杠杆率的提高，公司的总资本成本和加权平均资本成本会发生怎样的变化？

对于上述三个问题，莫迪利亚尼和米勒给出的答案是：与完美世界中的答案截然不同。在有税条件下，他们认为，债务融资比股权融资对公司更有益。实际上，他们认为，公司的价值与债务成正比：

$$V_L = V_U + \tau_C D \tag{4.7}$$

因为债务的利息是可以抵税的（在计算利润和缴税之前，利息已支
84 付），支付利息可以减轻公司的税负。从而，公司股东将拥有更多的剩余利润。回想一下，我们之前所提到的债券总是以零 NPV 发行，因此这样的债券只是一种避税手段。

他们的第二个结论是:尽管与无杠杆的情况相比,股东仍然会面临更大的风险,但无风险的税收保护措施的存在实际上在一定程度上降低了股东所面临的风险。因此,尽管股东此时仍然要求更高的回报,但他们愿意为低于免税情况下的回报做出补偿。最后,随着公司的价值上升,这将反映在资本成本中。现金流量保持不变,这意味着在存在债务和税收的情况下,公司的 WACC 将下降。

为了更直观地理解,让我们再将该公司视为价值 10.0 美元的巨型比萨。最初,你拥有整个比萨。不幸的是,因为要缴税,你不能独占整个比萨。如果税率是 40%,你给政府一块价值 4.0 美元的比萨,而获得的满足感只有 6.0 美元。可以将政府想象成某个老是欺负你的邻居,他每天都拿走你午餐的一部分[①]。你知道这个家伙不敢夺取老师的午餐。因此,在你去上学之前,你决定先去找老师,然后卖给他 4.0 美元的比萨。老师付给你 4.0 美元,然后你把钱藏起来(你的邻居不会注意到现金,只会注意比萨)。然后,当那家伙要求你提供午餐的 40%给他时,你给他价值 40%×6=2.4 美元的比萨,剩下 3.6 美元留给自己。因此,你拥有的是 4.0 美元的现金和 3.6 美元的比萨。在这种情况下,你最终将获得 7.6 美元。当然,在真实的金融市场中,股东并不会隐瞒这笔钱。这里的关键是,利息支付本身并不需要缴税(在支付税款之前已付给债权人),这给股东带来了好处。

要更正式地理解这一点,我们继续假设对这两家有杠杆和无杠杆的公司进行投资。和以前一样,我们购买无杠杆公司 10%的股份和有杠杆公司 10%的股份。由于有杠杆的公司既有债务又有股权,这意味着我们购买该公司 10%的债务(债券)和 10%的股权。如前所述,由于两家公司的市场价值分别为 V_U 和 V_L,所以这两种策略的成本分别为 $0.1\times V_U$ 和 $0.1\times V_L(=0.1\times E_L+0.1\times D_L)$。

---

① 在美国,相对于民主党读者而言,共和党读者可能会觉得这一点更有说服力。

85 两家公司的资产都是相同的。这意味着它们都产生完全相同的自由现金流和息税前利润。但是,你需要为无杠杆公司的息税前利润缴税。缴税额等于 $\tau_C \times EBIT$。剩余金额 $(1-\tau_C)\times EBIT$ 属于股东。因此,作为对无杠杆公司股权的10%的投资的回报,在缴税 $0.1\times(1-\tau_C)\times EBIT$ 后,你将获得10%的自由现金流量。

对于有杠杆公司来说,此时利息金额为 $r_D \times D_L$。作为债权人,你拥有其中的10%。这意味着你得到的利息为 $0.1\times r_D \times D_L$。然后,该公司就对剩余金额 $(EBIT - r_D \times D_L)$ 以税率 τ_C 纳税。税后金额 $(1-\tau_C)\times(EBIT - r_D \times D_L)$ 归股东所有。你同样拥有其中的10%。你可以得到 $0.1\times(1-\tau_C)\times(EBIT - r_D \times D_L)$ 的股息。

将以上两项加总,你最终将获得:

$$0.1\times r_D \times D_L + 0.1\times(1-\tau_C)\times(EBIT - r_D \times D_L)$$

整理可得:

$$[0.1\times(1-\tau_C)\times EBIT] + [0.1\times \tau_C \times r_D \times D_L]$$

此式中的第一部分与无杠杆公司完全相同。不同之处在于第二部分,它是每年的税盾(tax shield) $\tau_C \times r_D \times D_L \times$ 你持有的公司股份的比例。

但是企业的价值是所有未来流入企业的现金流的现值。此时,我们需要计算公司未来所有年度税盾的现值。假设该公司处于稳定状态,即它不会发行超出其现有数量的任何新债券。同时假设债务是永久的——它没有到期日,但这并不意味着这是一种不合理的债务,它只是另一种形式的现金流。我们可以利用式(2.5)来给其估值。

那合理的折现率是多少?因为只有真正还清债务,你才能获得税盾。因此,税盾实际上与债务具有一样的风险,我们可以使用债务利率 r_D 作为合适的折现率。

应用式(2.5),我们可以得出税盾的现值为

$$tax\ shield=\frac{\tau_C\times r_D\times D_L}{r_D}=\tau_C\times D_L$$ 86

进而我们可以得出结论，购买 10%的有杠杆公司会使我们的收益提高 $0.1\times\tau_C\times D_L$。因此，按照无套利原则，购买 10%的无杠杆公司的策略价格必须比购买 10%的杠杆公司的策略价格高。换句话说，$0.1\times V_U+0.1\times\tau_C\times D_L=0.1\times V_L$ 或 $V_U+\tau_C\times D_L=V_L$。尽管债务的总额现在变得很重要，但证明过程仍然与利率完全无关。

和以前一样，我们用一些具体的数字来直观地说明。假设两家公司每年都产生 100 美元的息税前利润(小公司，还记得吗?)。拥有无杠杆公司的 10%股权的成本为 $0.1\times V_U$，并返还 6 美元的股利，税率为 40%，没有个人所得税。此时，税后 EBIT 都属于股东。拥有有杠杆公司 10%的股权和 10%的债务的成本为 $0.1\times E_L+0.1\times D_L=0.1\times V_L$。假设有杠杆的公司以 10%的利率发行了 100 美元的永久债务。该公司产生了 100 美元的息税前利润，并以利息形式支付了 10 美元。剩余的 90 美元需按 40%的税率纳税，因此股东仅以股息的形式获得税后的 54 美元。由于你同时拥有股权和债权的 10%，你将获得 1.0 美元的利息+5.4 美元的股息=6.4 美元，这比以前多了 0.4 美元。这笔额外的钱是从哪里来的? 它就是税率乘以支付的利息($0.1\times\tau_C\times r_D\times D_L=0.1\times 40\%\times 10\%\times 100=0.4$)得到的税盾价值。

在存在税收的情况下，莫迪利亚尼和米勒得到的第二个结论是：在存在杠杆的情况下，股权风险会增加，但是由于存在税盾，风险增加的幅度没有以前那么大。此时，在存在税收的情况下，净资产收益率的公式是：

$$r_E=r_0+(r_0-r_D)(1-\tau_C)\frac{D}{E} \tag{4.8}$$

我们还是用一个例子来证明这一点。从一家无杠杆公司开始，该公司的税率为 45%。假设该公司的年息税前利润为 200 美元，其资产价

值为 1000 美元,并且由于没有债务,这实际上也就是权益资产的价值。 87
一共有 1000 股,每股价格为 1 美元。此时,该全股权融资公司的事前预期收益为:

$$r_0=\frac{EBIT(1-\tau_C)}{Assets}=\frac{200(1-45\%)}{1000}=11\%$$

现在假设首席执行官宣布公司将发行 500 美元的永久债务,每年支付利率 8%,并用这笔钱回购股票。

假设市场非常有效,当公司宣布发行债务时,市场就已经知道该公司实际上发行的是无成本的税盾。根据莫迪利亚尼和米勒提出的命题 1[式(4.7)],该公司的价值将立即跃升为 $V_U+\tau_C D=1000+45\%\times 500=1225$ 美元。因为市场是有效的,所以这一切在宣布发行债务时立即发生:在有效市场中,每个人都在尝试先于其他人赚钱,每个人都知道该公司的股票价值将在债券发行之日上涨,所以没有人会真正等待债务的发行,每个人都会立即购买股票。因为有 1000 股流通股,股价将从 1 美元跃升至 1.225 美元。

现在,公司执行了股票回购。但它只发行了 500 美元的永久债券。这意味着它只能回购 500÷1.225=408 股。回购后还剩下什么?

- 息税前利润=200 美元(公司资产未发生变化)
- 利息=40 美元(债务为 500 美元时利率为 8%)
- 资产=1225 美元(1000 美元的原始资产+225 美元的税盾)
- 债务=500 美元(筹集的金额)
- 净值=725 美元
- 股数=592
- 每股价格=1.225 美元(725/592)
- 债务/权益比率=68.97%(500 / 725)
- *EBIT*-利息=160 美元(200-40)
- 税费=72 美元(160×45%)

• 权益成本 r_E＝12.14％(成本＝200－40－72＝88 美元，对应 725 美元的权益)

也可以利用式(4.8)直接计算： 88

$$
\begin{aligned}
r_E &= r_0 + (r_0 - r_D)(1-\tau_C)\frac{D}{E} \\
&= 0.11 + (0.11-0.08)\times(1-0.45)\times\frac{500}{725} \\
&= 12.14\%
\end{aligned}
$$

在免税情况下会发生什么？在这种情况下，当公司宣布发行债务时，股价不会发生任何变化，因为公司的价值不会改变[见式(4.2)]。因此，公司发行了价值 500 美元的债务并回购了价值 500 美元的股权，而使债务权益比等于 1。由式(4.3)可得：

$$r_E = r_0 + (r_0 - r_D)\frac{D}{E} = 0.11 + (0.11-0.08)\times\frac{500}{500} = 14\%$$

因此，发行债券也带有税盾，从而降低了杠杆效应。CAPM 其实也可以表达这一点。在式(4.2)的证明中，我们指出：

$$\beta_L = \beta_U\left[1+(1-\tau_C)\frac{D}{E}\right] \tag{4.9}$$

公司的加权平均资本成本 WACC 会怎样？WACC 现在由式(4.6)给出，我们使用债务的税后成本代替原始债务成本。

$$WACC = r_D(1-\tau_C)\frac{D}{V} + r_E\frac{E}{V}$$

同样，我们可以用式(4.8)对上式中的 r_E 值进行代替，从而得到：

$$WACC = r_0\left(1-\tau_C\frac{D}{V}\right) \tag{4.10}$$

式(4.6)至式(4.10)构成了存在税收时资本结构理论的核心部分。从中我们可以知道，在一个市场有效、信息对称且无破产成本的世界中，
借款不但没有缺点而且有着巨大的税收优势。因此，对任何公司来说， 89
都应该尽可能多地进行借贷。最理想的情况是借入 99.9999％的债务

(该公司不能借入100%的债务,因为这将与全股本融资的公司相同)。

不幸的是,现实中,不仅税收由公司支付,投资者也必须支付税务。而且,投资者可能对不同类型的收入(资本收益、普通股利、利息支付等)支付不同的税率。由于投资者可以推迟支付资本利得税,直到他们出售股票甚至将其转让,因此资本利得税率通常低于普通所得税率。此外,投资者可能不直接持有公司股票,而是通过免税的养老基金持有。因此,边际投资者——最有可能为股票支付最高价的投资者,可能是不受个人税影响的免税实体。因此,很难确切确定个人税如何影响公司的资本结构,遗憾的是,许多经济学家甚至没有将这些理论教给商科专业的学生。

还有个更有趣的问题:如果债务具有税收抵免的优势,那么为什么公司不发行尽可能多的债务呢? 我们很少看到公司的债务权益比率为99%。从横截面来看,实际上许多公司的比率都相当稳定。为了解释为什么有些公司具有稳定的杠杆比率,我们需要了解除了税收之外的第二个限制因素:破产成本。

第四节　权衡假说

与破产相关的成本有两种:直接成本和间接成本。直接成本是可以相对量化的成本。例如,各方都必须支付法律费用,客户可能会担心缺少服务而取消订单,供应商可能不愿提供信贷,等等。但是,所有这些因素都可以使用NPV框架来定价。例如,当供应商切断信贷时,可以使用情景分析来分析对公司现金流量的影响。

间接成本很难量化。主要原因一是股东(控制公司的投资决策)可以选择净现值为负的风险项目,如果该项目获得回报,将使他们受益;二
90 是他们可以选择放弃具有正净现值的安全项目,而不让债权人受益;三

是公司经理人和股东都可以选择通过损害债权人利益的方式来偿还巨额收益，然后宣布破产，而给债权人留下一个空壳。这三者都是经理人和股东一方或债权人一方之间的代理成本的例子。我们将在第六章有关信息不对称的案例中讨论更多代理成本的示例，但是现在我们主要讨论以下几个简单的例子。

假设一家公司正陷入财务困境（尽管尚未破产）。目前，其资产负债表类似于表 4.4。

表 4.4　陷入财务困境的公司的市值资产负债表

资产	账面价值/美元	市场价值/美元	负债	账面价值/美元	市场价值/美元
现金	400	400	债券	600	400
固定资产	800	0	权益	600	0
总计	1200	400	总计	1200	400

从表面上看，资产的账面价值不受财务危机的影响（账面价值保持不变）。但是，该公司生产的产品没人愿意购买。且它的固定资产（机器）基本上一文不值。因为公司的产品非常专业，以致无法用于其他任何用途，所以没有人会购买这些机器，这意味着它们的市场价值实际上为零。如果公司今天清算会怎样？债权人享有优先权。因此，他们得到了公司剩下的一切（本质上是价值 400 美元的现金），而股东一无所有。

现在，让我们考虑一个实际上非常冒险的项目。公司投资该项目的成本为 400 美元，这是公司的全部现金。该项目完全失败的可能性很高（90%），失败则一无所获。但是，有 10% 的机会，该项目将有 5000 美元的丰厚回报。由于该项目的风险很大，因此我们假设其资本成本很高，
为 45%。该项目的预期现金流为 $5000\times10\%+0\times90\%=500$ 美元。 91
使用 NPV 公式[式(2.1)]，可得：

$$NPV=-400+\frac{500}{1+0.45}=-55.17$$

由于 NPV 为负，所以理论上我们应该拒绝投资该项目，因为预期收益无法覆盖成本。但问题在于，股东正在使用他人的钱（债权人）做出选择。从债权人的角度来看，这是一个非常糟糕的决定。没有这个项目，他们至少会在公司获得现金（400 美元）。在该项目中，他们只有10%的机会（如果该项目还清了）收回其债务的面值（600 美元），而有90%的概率根本无法收回任何债务，对债权人来说，这一项目的期望收益为 60 美元。以现值计算，再次使用 NPV 公式，其价值远低于 400 美元：

$$NPV=\frac{60}{1+0.45}=41.38$$

然而，股东们却有着充分的动机去投资这个项目。不投资该项目，他们的预期收益为零。如果他们投资该项目，他们有 10%的机会获得5000 美元的回报，还清债务，并获得 5000－600＝4400 美元的最终股息。该项目有 90%的概率会失败，在这种情况下，预期收益将为零，但是如果不投资该项目，那么无论如何预期收益都将是零。

因此，通过该项目，他们获得了 4400×10%＋0×90%＝440 美元的预期收益。再次使用 NPV 公式，可得：

$$NPV=\frac{440}{1+0.45}=303.45$$

因此，在存在财务困境的情况下，股东有过度投资净现值为负的风险项目的激励。但这并不是股东唯一受到的激励，他们会对那些净现值为正的安全项目投资不足。

92 考虑一份政府合同，从现在开始，该合同为该公司提供了 600 美元的回报。这是无风险的，因此所需的回报率为 10%。但是，要交付合同，公司必须进行 500 美元的投资。由 NPV 公式，可得：

$$NPV=-500+\frac{600}{1+0.10}=45.45$$

鉴于该公司现在只有 400 美元的现金，该公司必须从某个地方筹集

100 美元。那么股东是否会追加投资 100 美元？事实证明答案是否定的。没有该项目，股东的期望收益为零。如果该项目得以实施，该公司将获得 600 美元的现金流，这些钱都将用来偿还债务。也就是说，即使股东追加投资也不会获得任何收益。我们甚至不必使用 NPV 公式就可以想到，即使 NPV 是正的，股东也将拒绝接受该项目。

第三种可能性非常简单。无论是否出现新项目，股东都有动力向自己派发 400 美元的大笔股息，并宣布破产，使债权人一无所有。同样，当公司陷入困境时，经理们也可以用这 400 美元来增加公司支付给自己的费用①。

这意味着随着公司积累越来越多的债务，财务危机的潜在成本也会随之增加。权衡假说认为，企业会在债务收益（税盾）与债务成本（财务困境成本）之间进行权衡，从而使企业拥有最佳的债务量。不幸的是，金融经济学家对财务困境成本的实际价值随债务水平的变化水平尚无法给出精确的答案。因此我们稍作放松，认为企业是通过反复试验来解决这一问题的。如果我们问经理们在决定发行债务时是否确实考虑了目标债务比率，尽管他们无法真正告诉你他们是如何得出这个数字的，但很大一部分人会告诉你他们的确考虑了这一因素。总的来说，我们认为，最佳债务量（大致）可以由图 4.1 给出。

权衡假说与企业债务政策的一些现实的观察结果具有较高的一致性。例如，它解释了为什么高科技行业（拥有大量无形资产）使用相对较少的债务。这也解释了为什么航空公司（拥有大量有形资产）使用相对大量的债务。它说明了哪些类型的公司适合进行杠杆收购。杠杆收购是指买家发行大量债务以购买公司的交易。杠杆收购主要针对的是拥

---

① 但是，债权人不是白痴。在许多情况下，他们可以预期股东的激励措施，因此他们通常坚持契约的存在，以防止股东支付特别股息或出售优先债务。他们也更不愿向即将陷入困境的公司提供资金。

93

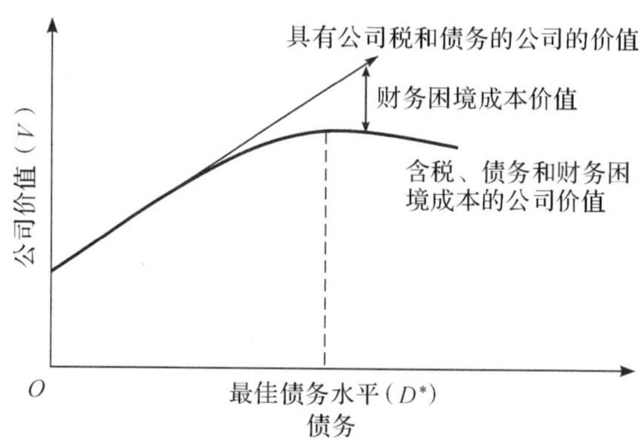

图 4.1　在存在税收和破产成本的情况下的最佳债务额

有大量资产且现金流量非常稳定的公司（财务困境成本低的公司）。它解释了为什么负债累累的公司通过出售资产并停止分红来优先偿还债务。但仍有许多观察结果无法通过该理论来解释。例如，许多非常成功的盈利公司的债务很少。他们的财务困境成本很低。那么为什么这些公司不选择通过债务税盾来创造价值？为了回答这个问题，我们转向资本结构的另一个模型——啄序假说。

第五节　啄序假说

啄序假说以农场的鸡表现出的啄食的顺序命名。显然，鸡与许多社
94 群居动物一样，会制定出一种社会等级制度来决定它们进食、饮水、交配或洗澡的顺序①。在啄食顺序中位置靠前的鸡拥有优先进食的权利。

在金融理论中，啄序假说认为，融资成本会随着内部经理人与外部投资者之间信息不对称程度的上升而增加。一般来说，公司经理人可以

---

① 因为没有在农场长大，所以我不知道这是否确实如此。也许这是和牛奶实际来自被称为奶牛的动物而不是来自超市里的包装盒一样虚构的故事。但是无论如何，这是一本关于金融的教科书，而不是关于畜牧业的教科书。

使用三种类型的融资：留存收益、债务和股权。债务和股权都涉及去市场筹集资金。什么时候内部与外部之间的信息不对称程度最高？就债务而言，债权人只需要关心公司是否能够支付利息以及最终是否能够还清其面值。换句话说，他们要做的就是回答有关其偿付能力的问题。就股权而言，股东不仅需要关心偿付能力的问题，还需要关心公司的增长机会。对于股东来说，对这些增长机会进行估值是非常困难的。财务报表在这些机会的估值方面不是很有帮助，因为经理人可能尚未就是否确定将这些机会付诸实践做出决定（并且可能永远不会选择这样做）。

同时，公司经理人也不太可能告诉投资者这些机会的真实价值。他们总是有动力告诉投资者，这些机会价值巨大，尽管实际上它们可能根本一文不值。因此，理性的投资者通常会对经理人宣称的价值打个折扣，并且在每次经理人发行债务时调降对于该公司的股价估值。

我们还是通过一个例子来理解这一点。假设有一家公司，该公司的经理人知道该公司的真实价值（包括增长机会）为每股 100 美元。由于市场上的信息比经理人少得多，因此投资者有时会认为股票的价值为 150 美元。在这种情况下，希望筹集资金的经理就应该发行股票。每股市值 150 美元的股票实际上只值 100 美元。如果经理人不发行股票，就代表该经理人并未为公司的股东谋取利益。相反，假设投资者认为公司的股票价值为 80 美元，该经理人就不应该发行股票。因为每股市值 80 95
美元的股票实际上价值 100 美元。在这种情况下，经理人将发行债务而不是权益。

外部投资者看不到管理者做出的所有这些计算。他们所知道的是，如果经理发行股票，公司价值很可能会被高估，而如果经理发行债务，那么公司价值很可能被低估。因此，发行股票就是个坏消息，如果该公司发行股票，投资者将降低对公司股票价格的估值。

这些观察结果隐含了企业融资的先后顺序。由于公司不会面临留存收益的信息不对称问题，因此它首先选择用留存收益为其投资融资。如果留存收益还不够，它会选择债务作为次优的选择，因为各方在债务实际价值上的分歧要小得多。如果债务还不够，该公司才会选择发行股票作为最后的融资手段。

啄序假说解释了为什么许多有利润的公司选择不发行债务。因为没有必要，他们的留存收益足以支撑他们的投资。

还有许多故事[①]试图从不同的角度来解释为什么企业有时会发行债务而另一些时候发行股权，或者来解释企业的资本结构。其中一些认为市场的非理性在企业融资方式的选择中起着重要作用。例如，他们假设市场有时会表现出对股权的偏好，而经理人会迎合市场偏好来选择发行股票或是发行债务。还有一些人认为管理者偏好是企业资本结构的重要决定因素。例如，在艰难时期出生或成长起来的经理人（例如在大萧条时期出生或在成长过程中经历过痛苦）掌舵公司时通常不愿意发行债务。

那么这一问题的要点到底是什么？不幸的是，我也不知道。我们可以告诉你一些有关哪种类型的公司具有特殊资本结构的故事，我们可以告诉你为什么有些公司没有我们预想的资本结构，我们可以解释各个行业的资本结构差异，可以表明公司的行为好像体现出他们具有特定目标
96 的权益比率，我们还可以证明杠杆的变化可以以可预测的方式改变公司价值，但除了这些，我们也存在很多盲点。事实上，财务困境的概念和企业为防止这种情况采取的措施都是内生的。换句话说，许多为防止出现财务困境所采取的行动是同时确定的。这就意味着，我们不能像物理学家一样应用控制变量法，在改变一个变量的同时保持所有其他变量不变，从而确定该变化对整体的增量影响。金融经济学家也不总是能够从

① 我称它们为故事，因为它们都有模糊的一面。你可以将它们视为寓言或类推，而不是精确且可检验的假设。

反事实中得出可靠且可复制的结论。

让我们暂时离开这个痛苦的话题，回到我在本节早些时候所提到一个无关紧要的评论中。当时我说过，增长机会对于外部投资者来说尤其难以估价。那外部投资者如何衡量增长机会的价值？其中有一些增长机会比其他增长机会更容易估价。例如，对一个简单的项目进行估值意味着要计算其现金流①、折现率（如第三章所述），并为存在债务而调整折现率（如本章所述）。但是某些项目要视其他先发的事件而定。例如，一家公司可能会启动试点工厂以测试新产品的市场，并且仅在产品成功的情况下选择将该试点工厂扩展为成熟的工厂。如果不成功，该公司就会选择放弃试点工厂。

在这种情况下，该公司的经理人尚未为投入一个成熟的工厂做出投资决策（并且可能永远不会选择这样做）。仅当营销测试成功之后，该公司才可能做出投资决策。我们可以计算试点工厂的 NPV，也可以计算整个成熟工厂的 NPV。但是，我们如何衡量在只有试点成功的前提下才会进行投资的选择权的价值？当然，这取决于试点成功的可能性。但是我们如何知道这种可能性呢？例如，考虑苹果公司推出的首款 Apple iPad。该设备成功的概率是多少？这是当时行业内其他产品所无法比拟的全新产品。没有人能计算出这些概率。

为了弄清楚如何评估这些不确定的机会，我们需要学习公司金融的下一个重要内容：期权定价。

---

① 如我们在第二章中提到的，公司产生的现金流是其自由现金流量（FCF），定义为税后 $EBIT$＋折旧－资本支出－营运资金的增加。

第五章　期权定价理论

学习要点

- 衍生品初探
- 远期和期货
- 期权
- 二叉树期权定价模型
- 布莱克-斯科尔斯期权定价模型
- 实物期权

第一节　衍生品初探

每年夏天，剑桥莎士比亚艺术节[①]都会在英国剑桥举办，并在大学

① 剑桥非常著名的节日之一，莎士比亚戏剧节每年吸引着25000位游客。在戏剧节期间内，每晚都会有莎士比亚的名作在剑桥各大学院的空地上演。由于剑桥独特的环境，在这里观剧会是非常特别的体验。人们常常会在剧目开始之前相约在一起野餐，然后从黄昏坐到天黑，在月光皎洁的露天剧院里感受着莎士比亚年代的永恒魅力。——译者注

花园上演一系列戏剧。这些戏剧很受欢迎,观众们带着自己的椅子、毯子[1]和野餐篮,在华丽的大学花园里观看莎士比亚的戏剧。唯一美中不足的是英国的天气。提前购买(不可退票)门票会为你预留一个位置,但同时会让你面临演出当天下大雨的风险[2]。相反,如果不提前买票,你就不用承担天气变化多端的风险,但演出这天演出票可能会售罄(或者票价上涨太高,你买不起了),让你只能待在花园外的路上,听着里面欢乐的声音。

一个可能的解决办法是跟踪天气预报,当你感觉最近天气可能还不错就去买票。但是这个方案存在两个问题:第一,几乎每个人都在这样做,所以你仍然不能保证在天气晴朗的晚上你会第一个到达售票处;第
二,众所周知,英国的天气预报并不靠谱,所以如果你试图依靠气象局[3] 99
来估计一天或更长时间以后下雨的可能性,那你可能过于乐观了[4]。

最好的办法是什么?你可以打电话给售票处,要求买一个演出票[5]的看涨期权[6]。具体来说,你可以要求订票,但你将以一种特殊的方式保留它们。你告诉售票处暂缓出票,如果届时不下雨,你会在演出前取票,然后付(比如)15 英镑;而如果届时下雨,你就放弃购票,不付任何票款。这将是你最理想的安排。天气好的时候,你可以顺利买到票,天气不好的时候,你就待在一家温暖舒适的酒吧里谈笑风生[7]。

不幸的是,对你来说的好消息对售票处来说并不是好消息。如果每

---

① 即使在剑桥的一个夏日傍晚,天气也会突然变冷。

② 如果你是一位金融经济学家,演出遇到下雨天,你可能会选择放弃门票,把它当作是沉没成本。如果你是一个普通人,你可能会选择坐着,颤抖,并且诅咒这该死的天气。

③ 英国气象局。

④ 或者说,这是非理性的。

⑤ 实际上,你不会这样做,因为售票处销售人员不太可能拥有金融学学位,所以他们只会以为你疯了。

⑥ 对于任何一种期权来说,一个更笼统的叫法是衍生品。因为他们的价格是从基础资产的价格(在我们的例子中是票)中衍生出来的。

⑦ 或者你今天可以实际支付并领取纸质票,但是同时购买门票的看跌期权,并在下雨的情况下,以 15 英镑的当前价格将其卖回给售票处。

个人都买这种预订票，那就意味着，只有在天气好的情况下，售票处才能收到票款，同时票的价格还不能超过预先商定的价格，售票处甚至没有权利拒绝把票卖给你[1]。那么在恶劣的天气里，售票处就要面对一堆未售出的票（如果出售看跌期权，则会被退票），同时仍然要承担演出所有的固定成本。

你可能认为不会有售票处有兴趣卖给你这样类型的票。事实上，很多售票处已经这样做了，但是你可能不清楚他们为什么会这么做。举个例子，想想在米其林星级的顶级餐厅订餐，将首先预刷你的信用卡。如果你没有在预订日期前至少三天取消预订，将被收取不可退还的全部预订费。这就是你为保留在餐厅的预订而购买的期权的成本。同样地，在入住前 24 小时内可以随时取消的可全额退款的酒店房间通常比不可退款的酒店房间更贵。这两个费用之间的差额就是“可以取消”这一选项
100 的价值。所有这些都是期权。如果你想选择取消莎士比亚戏剧节的票，售票处会向你收取一定的费用，以补偿它所承担的风险。

那么，售票处如何给预订费定价呢？它不能收取太高的费用，因为如果这样做了，没有人会来订票，人们可能会去看竞争对手公司上演的其他收取较低费用的戏剧。它也不能收费太低，因为如果收费太低，当太多人行使取消购票的权利，只有很少人来看演出时，售票处可能就会破产。所以售票处是如何给预订费合理定价的呢？

这实际上取决于售票处估计下雨的可能性有多大。但请记住，这里是英国，没人知道下雨的可能性有多大[2]。

此时，你该怎么办？这就是学者们在提出期权定价理论时所面临的问题。这个问题似乎无法解决，因为没有人知道如何计算概率

① 期权的卖方没有权利，只有义务。如果买家要行使期权，卖方即使处于不利地位，仍然必须进行交易，这就是卖方要向买方收取期权费的原因。

② 这一点几乎可以肯定。

(possibility)。费舍尔·布莱克(Fischer Black)、迈伦·斯科尔斯(Myron Scholes)和罗伯特·默顿(Robert Merton)给出的答案简单而巧妙。他们认为,概率已经包含在标的资产的价格中。在我们的案例中,标的资产就是这出戏的门票。随着人们对当天是否下雨的概率判断准确性的不断提高,这张票的价值也会越来越低。

但是售票处怎么知道这张票什么时候会变得越来越值钱呢?他们不需要自己预测天气吗?一个解决办法是通过观察二级市场的价格,比如 Stubhub[1]。如果大家预计过一阵子才下雨,你可能会看到票卖得更贵。如果看起来马上就要下雨,票价则可能立刻崩溃。他们的想法是,在二级市场上交易门票的成百上千的人比气象局有更多的可靠信息和更充分的动机来监测天气。但一群人就能成功预测天气吗[2]?

如果连二级市场都无法准确预测天气,我们如何对期权进行定价呢?布莱克、斯科尔斯和默顿认为,可以构建一个由基础资产和政府无风险债券组成的投资组合。这个投资组合的最终收益与期权相同。根据无套利的思想,它也必须具有与期权相同的初始成本。这意味着我们 101
不必担心概率,也不必担心人们对概率的看法。这种证明方法听起来熟悉吗?是的,这和我们对资本结构的证明是一样的。正是由于这种深刻的洞察力,斯科尔斯和默顿在 1997 年获得了诺贝尔经济学奖。在本章的其余部分中,我们将使用此基本方法推导出期权的价格。

值得一提的是,期权实际上已经存在几千年了。那在我们提出正式的期权定价公式之前,人们是如何给期权定价的呢?结果让人出人意料,历史数据得出的期权价值与现代期权定价公式的计算结果十分吻合。这也许可以用优胜劣汰来解释[3]。直观地看,如果你总是错误定

---

① 某知名购票及交易网站。

② 答案是他们做不到,至少在英国做不到。

③ 金融经济学家喜欢议论优胜劣汰,虽然我们几乎肯定会输掉所有诸如在“僵尸末日”中幸存这样的争论。

价，你很快就会破产。所以，虽然你可能不知道期权是如何定价的，但你会知道一组不会使你破产的价值。那么，你会像知道公式一样定价。

第二节　远期和期货

让我们从最简单的衍生工具类型开始：远期（forward）。远期交易是在今天设定价格和执行日期的交易，但实际上不是在今天进行交易，而是在将来某个执行日期进行交易。让我们将其应用于售票的例子中。

在剑桥，售票处离大学花园很远，而你需要一张纸质门票才能进入花园。假设你可以亲自去售票处，今天以15英镑买一张一年以后的演出票，然后把票带回家。我们将此称为现货价格。或者，你可以今天致电售票处进行预订并提供你的信用卡详细信息。票是不可退的，因此你的信用卡将被扣款。然而不幸的是，你已经接近信用卡限额，所以你只想在你账户里有钱的时候，在演出当天才真正给你预订的票付钱。

售票处告诉你，他们愿意当你在演出当天实际领票时才向你收费。
102 但是今天的15英镑与一年后的15英镑是不一样的。它应该告诉你一年后的价格多少？我们称其为远期价格。

在所有情形下，我都将假设存在一个活跃的二级市场，并且在大学花园里有大量的莎士比亚戏剧节演出票的买卖者。我还要假设售票处会根据需求（就像机票）更改演出票的价格。最后，不存在无票可买的情况。这些假设使我们能够为可收取的竞争性价格设定界限，从而避免了诸如稀缺性或讨价还价能力之类的复杂情况。

我还要假设当时的无风险利率（政府债券利率，请参阅第二章）为1%。在这种情况下，售票处应向你收取的价格为15.15英镑。

为了理解为什么，假设售票处告诉你，演出当天你取票时会向你收取16英镑。那你就可以赚钱了。你可以在今天以无风险利率借入15

英镑来买票(今天取票)，并在演出当天以少于 16 英镑且高于 15.15 英镑的价格将其出售给任何想要的人。例如，如果你收取 15.50 英镑的费用，买家就会来找你，而不是去售票处。在演出当天，买方向你支付了 15.50 英镑，你给了她门票，并偿还了 15 英镑的贷款，利息为 1%，你可以还款 15.15 英镑，获利 0.35 英镑。

同样，假设售票处告诉你必须在演出当天支付 15.10 英镑来取票，并假设你已经有票了。然后，你以今天的现货价格 15 英镑把票卖掉，并以 15.10 英镑的价格在售票处预订。你今天用 15 英镑做什么？当然是将其投资于政府债券。这样，演出当天，你可以赚取利息，你的总收入为 15.15 英镑，然后使用其中的 15.10 买票，你可获利 0.05 英镑。

因此，你和售票处都无法额外赚钱的唯一价格是 15.15 英镑。这就是无套利价格，也是远期价格。一般而言，如果 S 是现货价格，则远期合约的价格由式(5.1)给出：

$$F=S\times(1+r)^t \tag{5.1}$$

我们应该很熟悉这个公式。它恰好是第二章中的一次总付公式[式 103
(2.3)]的未来值。同样，如果我们使用连续复利来计算[式(2.7)]，则远期合约的价格为：

$$F=S\times e^{rt} \tag{5.2}$$

使用这个等式的话，远期合约的价格为 15.15075 英镑，与式(5.1)的结果相差无几[①]。

请注意，签订远期合约不需要花任何费用。这是因为远期合约确实没有降低风险，只是改变了风险的方向。通过购买预售票，你可以规避演出当天门票售罄的风险，但是你仍然无法规避演出当天下雨的风险。即使当天下雨，你仍然有义务按照合约进行交易。因此，如果当天正在下雨，门票的二级市场价格可能是 1 英镑，但你仍必须支付 15.15 英镑

---

① 请参阅第 34 页的脚注 1。

(你最初订约的价格)。你需要为交易价格为 1 英镑的票支付全款,售票处将因此获利。当然,如果演出那天是晴天,售票处可能会将票价提高到 30 英镑,但仍然只能向你收取 15.15 英镑的费用,从而导致其损失。所以我们可以得出的结论是:远期合约并不能降低风险,它只会改变你承担的风险类型。以前,你担心如果不早买票,演出前门票会被抢购一空,但现在你担心的是演出当天的天气。

经济学家约翰·梅纳德·凯恩斯(John Maynard Keynes)的故事可以用以说明与这些合约有关的风险,他在 1924 年被任命为剑桥大学国王学院的第一布尔萨[1],并担任这一职务直到去世。凯恩斯在 1936 年购买了几份小麦的远期合约[2]。随着到期日的临近,凯恩斯越来越关注一直出乎他意料的、持续下跌的小麦价格。许多商品合约实际上并不涉及基础商品的交付,但凯恩斯不愿承受巨额亏损,并且毫无疑问希望等
104 待价格回升,因而他选择了实物交割。而且他在周末对国王学院礼拜堂的面积进行了评估,并打算用这个礼堂储存一半左右他的小麦[3]。

但是还有另一个问题。让我们假设你已经以 15.15 英镑的价格购买了远期合约。但是现在天气前景糟透了,所以票价只有 1 英镑。此时,你会有强烈的动机去违约。换句话说,你可能会选择消失,更改地址并注销你的信用卡。这意味着,在没有双方监督的情况下,任意一方都有违约的可能性。最初,由于需要持续监控,远期市场很难大幅扩张。

后来,远期市场发展出两个特点使其得以迅速普及。一是制定标准合约。例如,如果你购买了小麦合约,则该合约不能是任何旧小麦,必须按照标准化系统进行分级(例如,在美国小麦期货中,它必须是春季、白色冬季或红色冬季),以特定的数量交易(例如,每份合约 1000 蒲式耳或

---

① 大学财务主管的英文术语。

② 更准确地说是期货合约(有关期货和远期的区别,请参见下文中的讨论)。

③ 幸运的是,这没有必要,因为小麦价格最终确实上涨了,凯恩斯最终获得了微薄的利润。

5000 蒲式耳），并在一年中的特定月份进行交割。卖方可以选择交货的日期及等级，并可以在成熟月份的第一天到最后一天之间的任何一天对小麦进行交割。在莎士比亚戏剧节门票市场上，这样的合约可能意味着第一排的、中间的四个、距离舞台不超过 12 英尺（约 3.66 米）的座位的票。

标准化的意思是，我现在可以将自己的远期合约出售给二级市场上的任何其他人，而不会有人对我所出售的商品感到困惑。二级市场购买者不需要知道门票的类型或我与售票处所做的任何特殊安排，甚至不需要联系售票处。

远期合约发展出的第二个特点是逐日盯市制度。买卖双方都在票据交易所开设账户进行交易。每天结束时，旧合约均按当日的市场价格进行估值，并将损益分配给各方。然后，将以前一天结束时的固定价格写入新的合约。

例如，假设你以 15.15 英镑的价格买入莎士比亚戏剧节门票的远期
合约。最终，很多人认为天气将比预期的要差。因此，现货价格跌至 14 105
英镑。这意味着你已经有所损失。你已签约购买一张现在价值 14 英镑的票，售价为 15.15 英镑，账面亏损为 1.15 英镑。售票处相应地赚了 1.15 英镑。交易所将从你的账户（称为保证金账户）中转出 1.15 英镑到售票处的账户，并以 14 英镑的价格为双方签订一份新合约。因此，你现在损失了 1.15 英镑，并且有了新的合约，从今天起，你将可以以 14 英镑的价格来买票。明天，如果票价上涨到 16 英镑，则期货交易所将从售票处的账户中扣除 2 英镑，将其放入你的账户，然后以 16 英镑的价格为双方再签订一份新合约。你和售票处必须保持各自账户中的最低金额。如果你的账户余额低于最低保证金，则需要进行充值。

为什么这个过程如此烦琐？假设票价在任何一天都不会大起大落。此时意味着双方已将对方违约的风险降到了最低。另外，由于数量、时

间和产品质量的规格是标准化的，双方对合约条款涉及的内容几乎没有分歧。因此，交易这些标准化的远期合约(现称为期货合约)已成为一项庞大的数万亿美元的业务，通过有组织的交易所进行买卖。在许多情况下，当合约到期时，实际产品甚至都无法交付。例如，如果你看涨莎士比亚戏剧节演出票的价格，则可以在今天以15.15英镑的价格购买该票的期货。当两天后票价上涨到16英镑后，你可以结束交易，从而获利。而且售票处不需要参与这个过程。你可以从朋友那里购买售票处售票的合约。只要存在活跃的二级市场，售票处就无关紧要。

逐日盯市制度是否意味着远期价格和期货价格不同？不，事实证明，当合约到期日及资产价格相同且利率与资产价格无关时，两者的价格是相同的。当利率与资产价格成正相关或负相关时，两者的价格才会有所不同。

此时，应用式(5.2)时可能会有一些变化。假设该资产在合约有效
106 期内提供了已知的收益，比如，该资产是支付定期股息的公用事业公司股票。在这种情况下，远期的价格为：

$$F=(S-I)\times e^{rT}$$

其中，I 是合约有效期内预期收到的股息的现值。

同样，假设资产在合约有效期内提供了已知的收益率，例如在股票指数中支付的不是实际股息，而是正常收益率。在这种情况下，远期价格为：

$$F=\frac{S}{e^{qt}}\times e^{rt}=S\times e^{(r-q)t}$$

其中，q 是在合约有效期内可以预期获得的平均收益。提供已知收益的资产的另一个示例是外币。这里的收益率是外国的无风险利率。因此，远期价格为：

$$F=S\times e^{(r-r_f)t}$$

其中，r_f 是外国无风险利率。最后，我们需要对消费资产进行变更，其

中可能存在存储成本(如小麦或石油远期),但也有便利收益。假设我有一份一年后购买石油的远期合约,但是如果我两个月后意外需要石油,那么远期合约对我来说没有太大帮助。因此,拥有该合约而不是有形产品会产生成本,我们称此成本为便利收益。将这两个成本一一对应,如果每单位时间的存储成本(以资产价值的百分比)为 u,则:

$$F=S\times e^{(r+u)t}$$

因为 u 是成本,而不是收益,我们真的不知道如何衡量便利收益,因此实际上我们从远期价格 F 和现货价格 S 开始。然后将所有其他成本(存储成本、利息成本和所赚取的任何中间收入)汇总为总成本 c,我们有:

$$F=S\times e^{(c-y)t}$$

其中,y 为便利收益。 107

请务必注意,每个单独的变量都有一个从式(5.2)中得出的公式,而式(5.2)又是根据式(2.7)得出的。总之,正如我之前说过的那样,我们虽然只使用了很少的工具,但已经在金融领域取得了长足的进步。

第三节　期　权

我们已经知道,尽管远期合约很容易估价,但并不能降低风险。为了降低风险,你需要一个期权。所谓期权是我们在本章开始时讨论的一个特殊保留条款——我们以今天设定的价格(我们称为行权价)购买门票,并在演出当天(我们称为行权日)不下雨的情况下才取票。我还是先做一些假定。在许多情况下,我们将无法获得该期权的确切价格,但是价格必须始终保持在此处建立的合理范围之内。我需要在此处将一些术语加粗,以使其更易于查阅。我们还是以买票作为例子来说明。

期权价格(也称为期权金)是我们为预订所支付的价格。购买该期权意味着我们现在要向售票处支付期权价格以保留我们的票。我们将这种预留，也就是买入某种东西时的期权，称为**看涨期权**。同样，如果我们想要卖出某种东西的期权，我们会买入**看跌期权**。**行使期权**意味着实际上要去售票处支付行权价并领取纸质票。

我们用 S_0 当前基础门票的价格（0 代表第 0 天，即今天）。以目前的价格，$S_0=15$ 英镑。门票价格将随天气和需求的变化而随机波动。因此，让我们用 S_t 表示门票的（不可预测的）未来价格。波动的幅度由门票的波动率 σ 来衡量。假设门票的行权价（你今天确定的购票价）为 K。K 不必一定等于 S_0。你可以选择以 20 英镑的价格购买门票。与让你以 15 英镑的价格购票相比，这对售票处来说风险显然更低，因此售票处会对该期权收取较低的价格。或者，你也可以购买更有价值的期权，在行权日以 10 英镑的价格购买门票。一般情况下，你会想要一个更有价值的期权，即以 10 英镑的价格买票的权利，即使该票目前的售价是 15 英镑。

无风险利率 r_f 是政府债券利率。让我们假设其为 1%。到期时间 T 显然是演出上演的那一天。

现在有两种类型的期权。第一种类型是我们只有在演出当天才可以买票的期权，我们将其称为**欧式期权**。第二种类型的期权是我们可以在演出开始前的任意时间买票，无论是明天还是三周后，这称为**美式期权**[①]。由于美式期权的参数与欧式期权的参数相同，因此具有所有相同的好处，以及提早行使期权的权利（你可以在演出当天或之前任何时候行使），因此美式期权的价值始终至少与欧式期权相同，有时甚至更高。

---

① 你可能会猜想之所以这么称呼是因为美国人常被认为是更喜欢及时行乐的那一类。但是其实，这只是约定俗成，与期权的地理位置或人们的行为特征无关。美式期权只是美式期权而已。

如果我们用 C 表示美式看涨期权，而用 c[①] 表示欧式看涨期权，那么我们可以写成：$C \geqslant c$。同样，美式看跌期权 P 也比欧式看跌期权 p 更有价值：$P \geqslant p$。

掌握了所有这些术语后，现在让我们给出欧式看涨期权的界限。当然，第一个界限是看涨期权的价值永远不会超过基础资产的价值。换一种说法，$c \leqslant S_0$。这是显而易见的。如果购买某物品的权利比实际购买该物品更有价值，那为什么不仅仅购买这种权利呢？因而，在我们的例子里，$c \leqslant 15$。

但是，看涨期权的价值必须超过当前的票价减去行权价的现值： 109

$$c \geqslant S_0 - K\mathrm{e}^{-rT} \tag{5.3}$$

在我们的例子中，

$$c \geqslant 15 - 10\mathrm{e}^{-0.01} - 15 - 9.82 = 5.18$$

如果我们购买以 15 英镑买票的期权，这将使公式变为：

$$c \geqslant 15 - 15\mathrm{e}^{-0.01} = 0.27$$

但是，假如我们购买以 25 英镑买票的期权呢？这将会降低看涨期权的价值：

$$c \geqslant 15 - 15\mathrm{e}^{0.01} = -9.55$$

事实上，虽然的确如此，但这个期权一文不值。因为期权的价值永远不会小于零。因此，期权价格的实际下限为 0 或 $S_0 - K\mathrm{e}^{-rT}$，以较高者为准。但我们是如何得到这个公式的呢？像此前那样，我们通过应用无套利的想法来做到这一点。让我们按照表 5.1 设置两个投资组合。

式(5.3)表示 c 必须大于 15－9.82＝5.18 英镑。

为了证明这一点，让我们首先假设事实并非如此。具体来说，假设 c 今天的售价为 5 英镑。这意味着投资组合 1 比等式所预测的便宜。投

---

① 大写的 C 是美式期权，小写的 c 是欧式期权，我承认用英语大写字母不一定比小写字母更有价值。这只是约定俗成而已。

110 资组合 2 的价格比投资组合 1 贵，因此卖掉门票并购买投资组合 1[①]。把票卖掉为我们赚取了 15 英镑。我们用其中的 5 英镑购买看涨期权，然后以剩余资金购买每年收益 1%的无风险政府债券。一年结束时，在演出当天，你的账户中将有 $10e^{0.01}=10.10$ 英镑。

表 5.1　投资组合成本和收益

投资组合	资产	价格	本例中的现价/英镑	到期日价值 /英镑
1	看涨期权	c	c	取决于票价
	行权价的现值	Ke^{-rt}	9.82	10
2	票价	S_0	15	S_T

假设门票在演出当天的售价为 18 英镑。你将行使期权，支付行权价(10 英镑)并取票。然后，你可以将票退还给最初借给你票的人，从而获得 0.10 英镑的微利。

假设门票在演出当天的售价为 9 英镑，则放弃行权，因为它毫无价值。使用你账户中的钱在公开市场上以 9 英镑的价格买票，并将其退还给借你票的人，从而留出 10.10－9＝1.10 英镑的利润。

这就是说，对于任何价格低于 5.18 英镑的期权来说，你始终可以完全无风险地赚钱。由于在金融领域没有免费的午餐，因此价格不能低于 5.18 英镑。

这似乎有些深奥，但这可以用来说明，如果基础资产不支付股息，你永远不会提早行使美式期权。假设你拥有门票的美式期权，可以让你尽早行使该期权。假设今天的门票价格为 12 英镑(因此，以 10 英镑购买票的期权仍然很有价值)，而且演出日还有一年的时间。式(5.3)告诉我

---

① 如果你实际上没有票，该如何出售？在金融领域，这不是问题。我们要做的是借入门票，将其出售(此过程称为卖空)，然后在演出当天将门票退还给贷方。当然，也有一些小麻烦，例如如何让贷方相信你会按时还票，也存在很多机构和保障措施可以最大限度地降低贷方的风险(保证金账户就是其中的一种)。

们，期权的售价不能低于 $12-10e^{-0.10}=2.09$。假设你收到私人秘密信息，一场大风暴将在演出当天袭击剑桥。如果每个人都知道此信息，票价将会暴跌。此时如果你选择行权，支付 10 英镑来取票并立即以 12 英镑的价格出售，这看起来非常不错。但不幸的是，那只能给你 2 英镑的收益，期权本身价值至少为 2.09 英镑。因此，与其行权，不如卖掉该期权。这意味着，尽早对不支付股息的股票行使美式看涨期权没有任何价值。因此，在这种特殊情况下：

$$C=c$$

同样也可以为美式看跌期权和欧式看跌期权设定同样的界限。证明过程也是相似的。建立两个投资组合，并证明如果看跌期权的价格超 111
出该范围，则可以无风险地赚钱。由于这在现实交易中是被禁止的，所以期权的价格不能超出这个范围。

那么我们如何建立投资组合呢？我们最容易想到的是：看涨期权给了我购买资产的权利。为此，我需要钱。因此，一个投资组合将始终由看涨期权和行权价的现值组成。同样，看跌期权赋予我出售资产的权利。但是要做到这一点，我需要资产。所以看跌期权和资产一起组成投资组合。在上面的示例中，我们在一个投资组合中有看涨期权和行权价的现值，在另一个投资组合中有门票（资产）。

我们可以用这个方法精确地得出表 5.2 中看涨期权和看跌期权之间的关系。在演出当天，我们假设票价为 20 英镑。然后在投资组合 1 中，你行使期权并使用银行账户中的资金买票，价格为 10 英镑。此时，你只剩下一张价值 20 英镑的门票。在投资组合 2 中，如果门票在公开市场上的售价为 20 英镑，则以 10 英镑的价格出售门票的权利就毫无价值。因此，我们放弃了选择权，只剩下价值 20 英镑的门票。两种投资组合的最终价值相同。

表 5.2　构建等效投资组合以说明看跌期权平价

投资组合	资产	价格	本例中的现价/英镑	到期日价值/英镑
1	以 10 英镑购买的看涨期权	c	c	取决于票价
	行权价的现值	Ke^{-rt}	9.82	10
2	票价	S_0	15	S_T
	以 10 英镑卖出看跌期权	p	p	取决于票价

同样，让我们假设票价为 8 英镑。在投资组合 1 中，你放弃行权，并在银行账户中留了 10 英镑。在投资组合 2 中，你行使以 10 英镑出售门票的权利，而行权价为 10 英镑。同样，两个投资组合的价值也相同。

112 由于无论演出当天的票价如何，两个投资组合的价值都相同，因此初始成本必须相同。因此，我们有

$$c+Ke^{-rT}=p+S_0 \tag{5.4}$$

此等式被称为**买卖权平价关系**。这意味着期权价格是相互关联的，我们可以从其他衍生产品的价格中衍生出任何类型的衍生产品的价格。

第四节　二叉树期权定价模型

接下来，我们将简单地得出莎士比亚戏剧节门票的看涨期权的价格。和以前一样，我们可以使用三种工具：门票、门票的期权和期权的行权价（无风险地投资于政府债券）。让我们与之前部分中的所有参数保持相同。换句话说，你今天可以以 15 英镑的价格买票，行权价为 10 英镑，无风险利率为 1%，期限为一年。

二叉树期权定价模型是假设票的价格只能在行权日变为两个数字中的其中一个。它可以上升到 25 英镑（如果天气晴朗并且需求高），或

者可以下降到 5 英镑(如果天气多雨并且需求低)[①],如图 5.1 所示。该图说明了演出当天的票价变化和相应的期权价值。如果在演出当天门 113
票价值 25 英镑,则当天以 10 英镑购买门票的价值为 15 英镑。如果门票价值 5 英镑,那么这个期权一文不值。

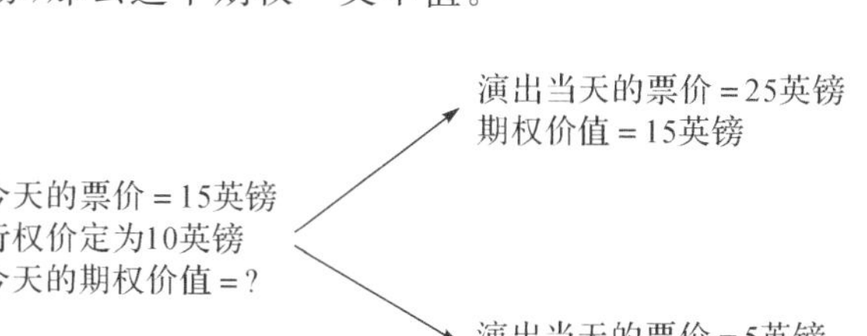

图 5.1　门票价格的二叉树模型

利用二叉树模型,可以通过三种方法来计算看涨期权的价值。第一种方法是创建门票和无风险期权的组合(就像政府债券投资一样)。第二种方法是我们可以使用被称为风险中性概率的特殊概率。第三种方法是我们可以创建门票和复制期权的无风险债券的组合。每一种都有其自身的优点和缺点。让我们从第一种方法开始讲起。

在这里,我们将门票与期权组合起来使用,无论在行权日门票的价值如何,都应给你相同的无风险收益。回想一下我们不将看涨期权(买权)和门票放置在同一个投资组合中的情形(买权此时没有意义,你已经有票了)。此时,如果我们卖给其他人看涨期权,买方现在有权以 10 英镑的执行价格向你买票。作为卖方,你没有任何权利——如果买方想行权,你必须以预先约定的行权价卖给对方。因此,你的投资组合包括通过出售一个看涨期权 c 所获得的资金,以及购买许多目前每张价值 15 英镑的门票的成本。到底要买多少张票?假设我们购买了 Δ(大写的希腊字母)张票,其中 Δ 是我们必须计算的数字[②]。

---

① 请原谅我让事情变得复杂起来。

② 财务人员喜欢到处用希腊字词。他们可能觉得其他人都是希腊人。

因此，投资组合的当前成本为($15\Delta - c$)英镑。

假设在行权日(演出当天)门票已涨至25英镑。你投资组合中门票部分的价值将达到25Δ。但是，期权购买者肯定会行使其选择权，并以10英镑的价格买票。这将导致你少赚15英镑。因此你在演出日的收益为($25\Delta - 15$)英镑。

另一方面，假设门票已经跌到5英镑了。投资组合中门票部分的价值为5Δ。此时，期权是无价值的，因此期权买方将放弃行权，使你摆脱困境。

114 为了使此操作无风险，两个收益必须一模一样。因此，我们有

$$25\Delta - 15 = 5\Delta$$

$$20\Delta = 15$$

$$\Delta = 15/20 = 0.75$$

因此，如果你购买了75％的门票，你将不会在乎门票价格是上涨还是下跌[1]。但是你的投资组合的实际价值是多少？我们代入$\Delta = 0.75$，行权日的投资组合价值为$25 \times 0.75 - 15$或5×0.75，等于3.75英镑。那么今天投资组合的价值是多少？我们知道，它是由$15\Delta - c$给出的。如果$\Delta = 0.75$，则投资组合的价值等于$11.25 - c$。我们也知道，演出当天的投资组合的价值是无风险的3.75英镑。因此，今天的价值是在行权日以无风险利率折现的资产组合的现值，即$3.75 \times e^{-0.01} = 3.71$英镑。因此$11.25 - c = 3.71$英镑，这意味着$c = 7.54$英镑。根据式(5.3)，看涨期权的价值不能小于$S_0 - Ke^{-rt}$，即$15 - 10e^{-0.01} = 5.10$英镑，因此，这完全符合我们所规定的界限。

有趣的是，我们根本不需要了解任何有关概率的知识。对于我们来说，门票是上升还是下降以及它上升的概率并不重要。重要的是建立合

---

[1] 你可能会问，我如何购买75％的门票？你不能。因此你可以将所有内容乘以100，就意味着你卖出100份期权，并购买75张门票。

适的投资组合以完全对冲所有风险。

第二种方法是**风险中性概率方法**。这个方法的思想是，如果我们不需要概率，那也就意味着任何概率都可以，特别是，一种特定类型的投资者分配的概率。这类投资者是非常特殊的投资者，因为他们实际上并不存在于现实生活中。这类投资者是风险中性的。换句话说，如果要求他或她在确定赚取 100 英镑和抛硬币（如果硬币向上可得 200 英镑，如果硬币向下将一无所获）之间进行选择，该投资者将是无所谓的。投掷硬币的期望收益仍然是 $200\times1/2+0\times1/2=100$ 英镑，但有 50％的概率我们永远不会得到任何东西。实际上，我们大多数人肯定会喜欢肯定的东西，而不是期望值相同，但获胜概率只有 50％的随机博弈。

但是，正如我们在第一种方法中已经指出的那样，概率无关紧要，因 115
此我们可以假装由风险中性型投资者给出的风险中性概率与其他任何人给出的概率一样好。我们假设价格上升的风险中性概率为 p，那么价格下降的风险中性概率为 $1-p$。

然后，风险中立的投资者不会在乎要以确定的 15 英镑的价格买到门票，还是有机会买到价值 25 英镑或 5 英镑的门票。那么门票的预期价值由 $25\times p+5\times(1-p)$ 给出。但这是下一个时期的价值。今天门票的价值是多少？由于投资者是风险中性的，因此无风险利率就是合适的折现率。于是，我们有 $15=[25\times p+5\times(1-p)]\mathrm{e}^{-0.01}$。求解 p，得出 $p=50.75\%$，这意味着 $1-p=49.25\%$。

如果票价升至 25 英镑，看涨期权价值 15 英镑，如果票价跌至 5 英镑，则期权价值为零。因此，使用风险中性概率的期权期望价值是 $15\times50.75\%+0\times49.25\%=7.61$ 英镑。使用无风险贴现率的现值为 $7.61\mathrm{e}^{-0.01}=7.54$ 英镑，与第一种方法得出的结果完全相同。

在这个例子里，我们假设门票价格只能变为 25 英镑或 5 英镑。但实际上，门票价格可以是不低于零的任意数字。所以我们必须扩展二叉树模型。图 5.2 显示了具有两个步骤的树,每个步骤间隔 6 个月。这里门票价格可以是 3 个值之一(此处为 41.67 英镑、8.33 英镑或 1.67 英镑)。利率仍然保持不变,但是 6 个月后,该值是以前值的一半。这相对现实了一点点。

116

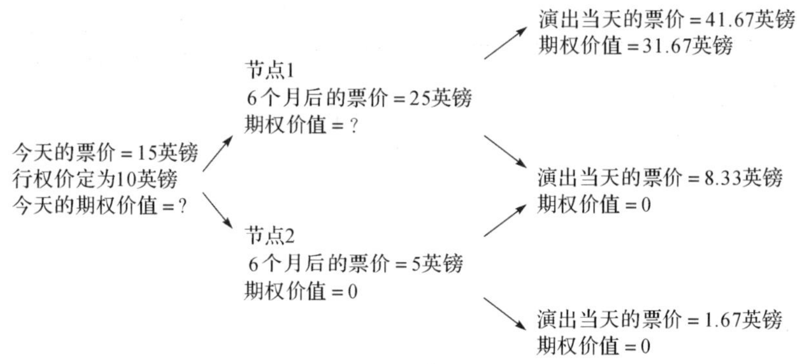

图 5.2 门票价格的二叉树模型:风险中性概率

如果使用第一种方法,则需要从后往前倒推,每次都必须计算 Δ。但是,只要树是对称的(每次都以相同的比例上下浮动),则风险中性概率每次都将保持不变。我们将树上升或下降的这些比例分别称为上升和下降因子。在我们的例子中,上升系数为 1.67(25/15=1.67),且下

117 降系数为 0.33(5/15=0.33)。这些因素是否保持不变?答案是肯定的。四舍五入后得到:25×1.67=41.67,25×0.33=8.33,5×1.67=8.33,5×0.33=1.67。

由于第一步与之前相同,因此我们可以像以前一样精确地计算风险中性概率:

$$15=[25\times p+5\times(1-p)]e^{-0.01\times0.5}$$

此案例与上一个案例之间的唯一区别是时间为 6 个月(半年而不是一年)。求解 p 得出的风险中性概率分别为 50.376%和 49.624%。因此,上层节点 1 处的价值为 $(50.376\%\times31.67+49.624\%\times0)e^{-0.01\times0.5}=15.87$ 英镑。在节点 2 处,期权的价值为零,因为两个端点

的期权值均为零。因此，期权开始时的价值为$(50.376\% \times 15.87 + 49.624\% \times 0)e^{-0.01\times 0.5} = 7.95$ 英镑。该值非常接近先前的值。

因此，随着我们在越来越短的时间段内创建更精细的分区，我们将获得越来越复杂的二叉树[1]。但是风险中性概率方法的优点在于，我们无须继续计算门票的价值。一旦有了上升和下降因子，我们就可以将其机械地编程到计算机中，进而得到最终的结果。

到目前为止，这两种方法都可以为门票的期权定价。现在，假设售票处感觉这是它不愿意提供的服务。换句话说，任何地方都没有特殊的预留票。此时我们该怎么办？这就要用到第三种办法——**动态对冲**，我们可以人为地创建一个完全对冲风险的期权。我们需要做的就是适当地买卖门票和无风险债券。这将是一个乏味的过程。它需要一个活跃的二级市场，在该市场中可以进行门票交易，例如 Stubhub。为了理解它是如何实现的，让我们再次从图 5.2 开始，但是这次我们会把门票和政府债券的收益复制到期权中，如图 5.3 所示。

118

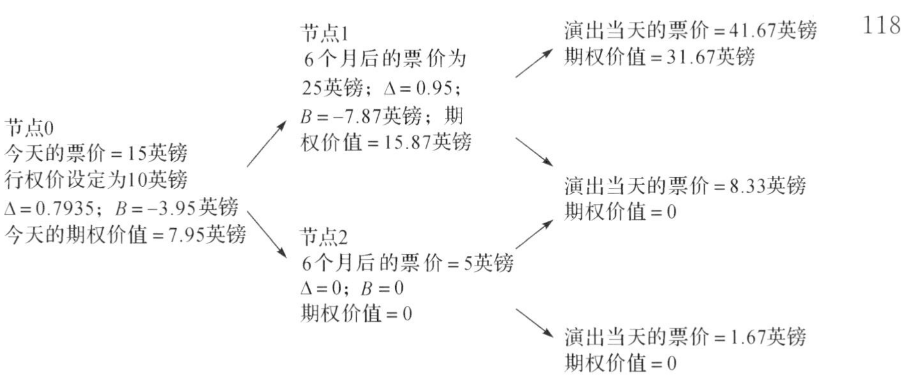

图 5.3　门票价格的二叉树模型：动态对冲

让我们创建一个包含购买 Δ 份门票并借入金额 B 的投资组合，此 119
投资组合的价值由(票的价格×Δ－ B)给出。

---

[1] 不是每 6 个月一次，而是考虑在整个一年中价格每秒或每微秒更改一次的可能性。

在节点 1,门票价格可以上升或下降。如果上升,则第二个时期的期权价值为 31.67 英镑。如果价格下跌,该期权一文不值。这两个价值也必须是投资组合的价值。因此,我们有两个方程,其中有两个未知数:

$$41.67\Delta + Be^{0.01\times0.5} = 31.67$$

$$8.33\Delta + Be^{0.01\times0.5} = 0$$

解之可得,$\Delta = 0.95$ 和 $B = -7.87$ 英镑。B 的负值表示我们投向政府债券的金额为负值。换句话说,我们以政府债券利率借入 7.87 英镑。因此,在节点 1 处,该期权的价值为 15.87 英镑,与方法 2 完全相同:

$$25\Delta + B = 15.87$$

在节点 2,我们有:

$$8.33\Delta + Be^{0.01\times0.5} = 0$$

$$1.67\Delta + Be^{0.01\times0.5} = 0$$

这意味着 Δ 和 B 都等于 0,期权的价值也等于 0。现在回到初始节点 0。使用相同的步骤,我们有:

$$25\Delta + Be^{0.01\times0.5} = 15.87$$

$$5\Delta + Be^{0.01\times0.5} = 0$$

这意味着 $\Delta = 0.7935$ 和 $B = -3.95$ 英镑。在节点 0 处,期权的价值为:

$$15\Delta + B = 7.95 \text{ 英镑}$$

因此,这个值与利用风险中性方法得出的结果相比没有变化。那为
120 什么我们要使用这种复杂的方法？那是因为我们现在可以使用这些值来构建一个新的期权。让我们从节点 0 开始。在节点 0,我们知道 $\Delta = 0.7935$ 和 $B = -3.95$ 英镑。因此,我们首先购买 0.7935 份门票,并借入 3.95 英镑。如果门票价格降至 5 英镑,则门票价值为 $5\times0.7935 = 3.97$ 英镑。但是,我们现在需要支付 $3.95e^{0.01\times0.5} = 3.97$ 英镑。投资组合的净值为零,期权的价值也为零,投资组合被清算。

如果门票价格上涨到 25 英镑，则投资组合中门票部分的价值上升到 25×0.7935＝19.8375 英镑。但是新的 Δ 是 0.95。因此，必须另外购买 0.95－0.7935＝0.156 份门票。我们从哪里得到钱？通过额外借 25×0.156＝3.91 英镑。到现在为止，我们的原始借款已增加到 3.97 英镑，因此我们总共欠债 7.88 英镑。整个投资组合的价值为 0.95×25－7.88＝15.87 英镑，恰好是这个期权的价值。

从节点 1 开始，门票可以上涨到 41.67 英镑，也可以下降到 8.33 英镑。如果下降，则门票价值为 8.33×0.95＝7.92 英镑。现在，我们欠 $7.88e^{0.01\times 0.5}$＝7.92 英镑，因此投资组合再次变得一文不值并且被清算。如果门票涨至 41.67 英镑，则门票价值为 41.67×0.95＝39.58 英镑，而我们仍欠 7.92 英镑。因此，投资组合的价值为 31.67 英镑，这是该期权在最高节点处的价值。

此复杂过程显示的是，确实没有必要让某些人创造期权。如果没有期权出售，而你想真正对冲所有风险，则可以创建动态对冲组合，在每个时间点精确复制期权价值。如果资产价格上涨，你会购买更多资产并借入资金。如果价格下跌，你将出售部分资产并偿还一些借款。

这也是**投资组合保险**的基本思想。投资组合保险涉及制定人为对冲策略，以确保投资组合的价值。但是，它们也因加剧金融危机而受到指责。回想一下，这些策略的作用是在价格变动后进行对冲。如果价格上涨，他们会购买更多；如果价格下跌，他们就会卖出。这意味着，如果在市场恐慌中价格暴跌，涉及与市场相同方向的自动投资组合保险策略 121
会使崩溃更加严重。实际上，1987 年 10 月全球价格暴跌的部分原因正在于此。

第五节　布莱克-斯科尔斯期权定价模型

二叉树方法在解释期权定价的过程方面非常直观。但是，使用起来也很麻烦。布莱克、斯科尔斯和默顿对股价如何演变做出了许多假设。特别是，他们假设股票价格遵循随机游走①，并且股票价格在很短的时间间隔内的百分比变化是正态分布的②。他们假设没有交易成本或税收，并且所有证券都是完全可分割的。这种假设使我们能够在不产生成本的情况下，在动态交易策略中进行任意次数的交易。完美可分割的假设使我们可以交易票据的一部分。他们假设股票在期权的有效期内没有支付股息。他们还假设没有无风险的套利（没有免费的午餐），证券是连续交易的（即时），无风险的短期利率是恒定的，最后，他们假设投资者可以以相同的无风险投资利率进行借贷。

这些假设相比之前实际已经有所放宽，但是这个想法仍然很简单。它涉及建立由衍生工具头寸和股票头寸组成的无风险投资组合。在没有套利的假设下，投资组合的收益必须是无风险利率。如果是这种情况，那么上述其他假设意味着可以建立一个特定的微分方程③来模拟股票价格的变化方式。布莱克-斯科斯尔公式（Black-Scholes formula）是该微分方程的解。事实上，这是一个方程组。哪组结果是正确的，取决于我们适用的边界条件。而边界条件只是告诉我们，在股票价格和到期时间的边界上，期权的价值将是多少。例如，欧式期权的边界条件是，期权在到期日的价值必须为 $\max(S-K,0)$。

122 将这个边界条件应用到布莱克和斯科尔斯用来定义股票价格演变的特定微分方程中，非股息支付股票的看涨期权的价格为：

$$c=S_0N(d_1)-Ke^{-rT}N(d_2)$$

其中，

---

① 随机游走是一种数学模型，目前得到广泛应用，比如，随机游走已被用来模拟气体中分子移动的路径。

② 经济学家喜欢正态分布。

③ 该方程是物理学中热力学方程中的一个，具有知名的解。

$$d_1 = \frac{\ln(S_0/K) + (r + \sigma^2/2)T}{\sigma\sqrt{T}}$$

$$d_2 = \frac{\ln(S_0/K) + (r - \sigma^2/2)T}{\sigma\sqrt{T}} = d_1 - \sigma\sqrt{T}$$

以及，

c＝欧式看涨期权价格

S_0＝当前股价

K＝当前行权价

r＝无风险利率

T＝到期时间

σ＝波动率

尽管布莱克-斯科尔斯公式看起来很复杂，但应用它其实非常容易。实际上，许多交易者将其视为“黑匣子”[①]，将 5 种成分 S_0、K、r、T 和 σ 输入经过适当编程的计算器中，然后直接得出结果。

第六节　实物期权

期权定价不仅可以用于评估证券价值，还可以有更多的用途。现实中，大量的公司投资决策只能使用期权理论来建模。例如，考虑一家想要推出新型智能手机的公司。它面对的关键问题在于，已经有几种型号的手机在厂商之间竞争激烈。尽管该公司的手机是具有创新性的，但他们并不知道该机型是否会被消费者所接受。此时该公司并不需要立即投资建立一个 10 亿美元的工厂。它可以从试点工厂开始。试点工厂可 123
以用少量的钱制造几部手机，然后看看它们的表现如何。如果接受度很好，该公司可以将工厂扩大成主要业务。这就是一个扩展期权。该公司

① 不一定是双关语。

不必扩大规模。它可以选择仅在产品成功时才这样做。同样,如果该项目没有成功,则公司可能有机会放弃该项目。这也很有价值。

为了更真实地展示实物期权,请想象一家时装商店的经理,他正在考虑在城市新的区域中建立门店。假设经理可以找到该地区优质物业的长期租赁。但是,我们绝不能保证该地区会吸引足够的顾客来访。经理可以在租约中要求提供"离场"条款。举例来说,如果两年内人流量没有增加到直销成功的地步,经理可以无条件退租。这就是一个期权,将其添加到合约中将为经理增加这笔交易的价值。经理必须在交易的其他条款上让步多少才能获得"离场"条款,这可以用期权的价值来计算。

尽管实物期权非常有用,但它也有一个很大的缺点。回想一下,我们对期权进行估值的方法包括用标的证券和无风险政府债券建立无风险对冲组合。然而,令人遗憾的是,在实物期权中,标的资产很少被交易,流动性不足。在莎士比亚戏剧节门票的例子中,我们必须假设存在活跃的二级市场。没有市场,我们不可能真正创建无风险对冲,因此我们将无法对期权进行定价。在上面的时装商店示例中,我们需要活跃的商店租赁交易市场,以便我们可以计算波动率 σ。但事实并非如此。这对实物期权产生了巨大的限制。尽管从理论上讲它们是非常有价值的,但实际上很难对实物期权进行准确估值。

总体而言,衍生工具是有史以来最成功的金融工具之一。它们的估
124 值基本原理与第四章讨论资本结构的价值的原理非常相似——无套利。对衍生产品进行估值的方法始终是创建一个我们知道其价值的人工投资组合,然后从投资组合的价格中得出期权的价格。

第六章　信息不对称理论

学习要点

- 柠檬问题
- 代理问题
- 信号模型
- 筛选模型
- 公司治理

到目前为止，信息在我们遇到的所有金融基本理论（净现值、投资组 126
合理论、资本结构和期权定价）的推导中并没有真正起到很大的作用。但是，关于信息的假设是其中许多理论的基础。特别是，我们得出的大多数理论都是基于对称信息的假设——每个人都有相同的信息来对资产进行估值。但是，这不是一个很现实的假设。在本书的最后两章中，我们将重点解释信息在确定交易价格中的作用。在本章中，我们将考虑到任一资产的买者和卖者对于资产的真实价值具有不同信息的可能性。在这种情况下，谁会表现得更好呢？

第一节 柠檬问题[①]

通常,当我们考虑资产时,我们认为更多的资产通常是更好的(多即是好):拥有大房子的人比拥有小房子的人的生活好,拥有更多的钱总比拥有更少的钱好,以此类推。有趣的是,对信息来说,拥有更多信息并不一定是更好的。这一见解使乔治·阿克洛夫及其同事迈克尔·斯彭斯(Michael Spence)和约瑟夫·斯蒂格利茨(Joseph Stiglitz)获得了2001年诺贝尔经济学奖。

我们理所当然地认为,我们并不完全了解我们所购买产品的所有相
127 关信息。例如,如果我们购买手机,那么该手机是否可以运行一年后下载的应用程序?拨打电话时,新手机拿在手里使用起来会不会很舒服?与朋友分享我们的照片是否方便?使用特定的操作系统是否会导致未来我们无法使用别的操作系统?这些都是我们在决定购买哪种手机时可能要考虑的问题[②]。

我们也普遍认为,进行交易时,我们掌握的信息比交易对手要么多要么少。例如,如果我们购买的是二手车,则我们的信息要少于卖方。如果我们要租房子,那么与我们未来的房东相比,我们对房子问题的了解要少得多,比如冬天是否漏水、房子是否发霉等等。但是房东对作为潜在的未来租户的我们的了解也不多。我们会把房子整理得井井有条吗?会将房间搞得一团糟吗?这些类型的信息不对称将影响我们愿意支付多少钱来租房或购买汽车。它们也将影响房东是否愿意灵活收取

① “柠檬问题”,又称“柠檬原理”,由经济学家乔治·阿克洛夫于1970年提出来。“柠檬”一词在美国俚语中表示“次品”,“柠檬原理”是信息不对称理论的重要组成部分。对信息不对称理论同样做出重要贡献的还有斯蒂格利茨和斯彭斯,这三位美国经济学家同时获得2001年度诺贝尔经济学奖。

② 我们不会完全不考虑这些问题。

租金。那么如何将信息准确地纳入我们支付的价格中？

让我们从购买二手车的例子开始讲起。在购买汽车时，我们可能会有一个可以承受的最高价格。经济学家称该价格为我们的支付意愿(willingness-to-pay，WTP)价格。同样，卖方也会有一个能够接受的最低价格。我们称此价格为卖方的接受意愿(willingness-to-accept，WTA)价格。假设我们愿意为状况良好的二手车支付 3000 英镑。如果卖方愿意接受同一辆车的价格为 2500 英镑，我们就有可能达成交易。根据经济学家的研究，2500～3000 英镑之间的任何价格都是一笔不错的交易，经济学家称之为有效的交易结果(efficient outcome)。例如，如果我们以 2700 英镑的价格成交，那么我们两个人的生活都会更好。卖家获得的比她的最低价多了 200 英镑，而我们所付的车价比我们愿意支付的最高价低了 300 英镑。WTP 价格和 WTA 价格之间的差称为经济剩余(the economic surplus)，许多经济学理论分析了经济剩余在买卖双方之间的分配。

而经济剩余的分配很多时候取决于买卖双方之间的相对议价能力。例如，如果对二手车的需求很大，而卖家很少，则卖家具有很高的议价能 128
力。他们将得到几乎所有的剩余，因为买家将在其可接受价格范围的上限进行购买。同样，如果二手车供应量很大而购买者很少，那么价格将跌至卖家可接受范围的下限。阿克洛夫的见解表明，如果市场上买卖双方之间有足够的不对称信息，在有些情况下，仍然不会发生好的交易(存在经济剩余)——买方只会愿意支付低于卖方可接受的最低价格的价格。在极端情况下，即使存在良好的交易，市场也会完全崩溃。

为了说明为什么会发生这样的情况，阿克洛夫提出了被称为“柠檬问题”(lemons problem)的例子。假设二手车市场上有两种二手车类型：好车(称之为李子)和坏车(称之为柠檬)。李子是很棒的汽车，几乎不需要维护，也没有损坏。相反，柠檬需要大量维护。有些买家愿意购买柠檬,但不愿意花与李子相同的价格。为了说明这一点,让我们假设买家愿意为李子支付 3000 英镑,为柠檬支付 2000 英镑。为简单起见,假设所有的卖家和所有的买家是同质的——他们都分别具有相同的 WTP 和 WTA。相比之下,卖家愿意以 2500 英镑的价格出售李子和以 1500 英镑的价格出售柠檬。这意味着每笔交易的经济剩余为 500 英镑(3000 英镑－2500 英镑或 2000 英镑－1500 英镑),因此,如果交易完成,这样的交易在经济上是有效的。

让我们假设市场上的买家多于卖家。这为卖方提供了更强的议价能力。如果我们假设卖方多于买方,则买方具有更高的议价能力。

我们首先从对称信息开始讨论。如果买卖双方都能完美地将李子和柠檬区分开,那么市场何时会出清?此时,每辆车都会被按合适的价格出售,李子都卖 3000 英镑,柠檬都卖 2000 英镑。经济剩余完全归于
129 卖方,因为相对于买方而言,卖方的数量很少。如果买方不愿支付最高的 WTP 价格,则卖方可以很容易地拒绝他,因为卖方知道很快会有另一位买家出现。

现在,让我们假设卖方已经驾驶了一段时间,因此完全知道哪辆车是李子,哪辆是柠檬。但是,买家无法区分柠檬中的李子。买家所知道的就是他在当地的报纸上读到的历史记录。但买方知道,在该地区,平均而言,有 70％的汽车是柠檬,而有 30％的汽车是李子。此时,理性的买家应该提供什么价格?唯一合理的价格是两个 WTP 的加权平均值,即 30％×3000＋70％×2000＝2300 英镑。

如果提供的价格低于这个价格(例如 2000 英镑),则会导致其他人进入并提供更多的柠檬,而且,以柠檬价格购买李子的可能性会更小。但是,如果买家出价 2300 英镑,谁更愿意接受?绝对不是李子的卖家——他们知道他们的车对他们来说至少值 2500 英镑。因此,如果买家所提供的价格低于 2500 英镑,他们将不会出售。这意味着唯一愿意

进行交易的卖家就是柠檬卖家。但是一个理性的买家会预计到这个情况。最终，买家只能以 2000 英镑的价格买到柠檬。

在这个例子中谁的情况更糟糕？是信息较少的一方。对于买方来说，他们知道市场只会向他们提供 2000 英镑的柠檬，但这就是他们愿意为柠檬付出的价格。柠檬卖家的情况绝对不是最糟糕的——他们原本只打算以 1500 英镑的价格出售自己的汽车，所以最终收到 2000 英镑对他们来说是一件非常开心的事情。唯一受损的人是李子卖家——他们的车卖不出去。此时，如果他们能说服买家相信他们在卖好车，那么他们将能够得到 3000 英镑，但由于缺乏可靠的说服方法，他们最终退出了市场。

这个例子可以说明两个问题。第一，信息不对称会伤害到拥有更多信息和更优质产品的卖方。第二，本例中的均衡是充分的。用简单的话说，即使卖方可能不愿谈论汽车的质量，但她愿意交易的事实立即告诉买方她正在出售柠檬。在经济学中，我们称此为分离均衡（separating equilibrium）——李子卖方与柠檬卖方是分离的。[①][②] 130

稍微改变一下这个例子。现在假设历史数据显示，过去售出的汽车中有 30％是柠檬，70％是李子。此时，理性的买家应该提供什么样的价格？与之前类似，唯一合理的价格是两个 WTP 的加权平均值，即 70％×3000 英镑＋30％×2000 英镑＝2700 英镑。如果买家出价 2700

---

① 在这一点上，挑剔的读者可能会反对，如果不出售李子，买家怎么知道市场上 70％的汽车是柠檬，而 30％的是李子？为了解决这个小问题，我们假设强制性测试机构每年检查每辆汽车的车辆安全性、可行驶性和废气排放。在英国，这被称为年度交通运输部测试，而交通运输部（MOT）测试的结果被认为是公共信息。挑剔的读者可能会接着问，为什么 MOT 测试失败后车主不必修理汽车？在这种情况下，你可以想象，车主事先知道汽车将无法通过 MOT 测试，并会在测试之前寻求出售。挑剔的读者可能会继续问，在那种情况下，统计数据应该对应于上一次测试，这可能与当前获取柠檬的统计概率没有任何关系。这样的问题可能会一直无休止地持续下去，但这并不影响我们在此处对信息不对称问题的说明。

② 经济学家显然没有这样做。我们大多数人都试图避免身体对抗。因此，我们只是扬起眉毛，简单地说，答案对任何有头脑的人都是显而易见的（除非发问者比我们块头大）。或者，如果这是一个学生并且让我们感到讨厌，我们可以把这个问题布置成家庭作业。

英镑，现在谁愿意接受？不幸的是，此时，两类卖方都会接受，这使得均衡价格不足以完全体现出来。在经济学中，我们称其为“集中均衡”(pooling equilibrium)——将李子卖方与柠檬卖方汇集到一个共同体中，每个人都以相同的价格出售他们的汽车。

那么谁会更在意这种情况呢？买家不会，因为他有可能为柠檬支付高价，但有更大的可能便宜地买到李子。柠檬销售商则从以2700英镑卖掉柠檬的生意中获利。唯一讨厌这种信息不对称的是李子卖家，他们得到的平均价格为2700英镑，而不是真实价格3000英镑。

上面这个例子还是说明了那个问题，不对称信息会伤害到拥有更多信息和更优质产品的卖家。但是，与对称信息的例子有何不同呢？首先是，优质的卖家有动力花一些钱，以告诉买家他们在卖李子。在此示例中，我们甚至可以为该数量设置一个精确值。李子卖家不会愿意花费超过300英镑来说服买家他们拥有一辆好车。为什么？因为如果不这样做，他们可以卖到2700英镑，而如果最终买家相信卖家是在卖李子，也最多会付3000英镑。

但是为什么要花钱呢？那是因为，如果李子卖家成功地将自己与柠檬卖家区分开，柠檬卖家将只能从卖车中获得2000英镑。因此，对于柠檬卖家来说，如果他们能够找到一种方法来模仿李子卖家并增加信息的不对称性，他们就会愿意为此而花钱。

这个例子可以说明的第二个问题是，劣质商品的卖方会试图尽可能
131 地模仿优质产品的卖方。因此，优质的卖方永远不能仅仅通过告诉买方
他们拥有优质产品来说服买方，因为柠檬卖方将告诉买方完全相同的
事情。

因为免费的谈话将立即被柠檬销售商所复制，所以，李子销售商使用的说服策略必须是昂贵的，但又不能太昂贵。

第二节　代理问题

产生信息不对称问题的前提是至少需要拥有不同水平信息的两方当事人。我们可以想象有一个自给自足的农民：一个人生活，自己种植所有食物并制作自己的衣服。他无须担心信息不对称，因为他可以自己做所有事情。但是，在他雇用帮工的那一刻，信息不对称问题就产生了，因为双方都拥有对方没有的信息。例如，农民确切地知道农场的管理难度；农场工人确切地知道他愿意付出多少劳动。

这种情况被经济学家称为委托代理问题（principal-agent problem）。委托人是雇用他人为他做一些工作的人。例如，在农场上，农民是委托人，农场工人是代打理农场的人。如果你想出售房屋，则你是委托人，而代理商是房地产中介。

委托代理问题仅在信息不对称的情况下出现，并且会包含以下两种情形。首先是选择合适的代理商来完成工作的问题，称为逆向选择问题（adverse selection problem）。第二个问题是要确保代理人一旦被选中就不会回避工作，这个问题被称为道德风险问题（moral hazard problem）。

为了对这两个问题有一个直观的认识，请想象有史以来最著名的（虚构）特工之一：詹姆斯·邦德（James Bond）。詹姆斯·邦德被英国秘密情报局（MI6）的负责人 M 聘用。我们知道，邦德有一个双零代号，这使他获得了杀人许可。但是，首先 M 为何选择邦德？遗憾的是，电影仅 132
对邦德加入 MI6 后的冒险大写特写，几乎没有提供像 MI6 这样的组织在选择 00 号特工时的程序和细节。

试想一下政府部门在选择 00 号特工时可能遇到的问题。这些特工必须愿意代表他们的国家进行暗杀，并愿意以此获得政府的薪水。虽然，他(她)不应该出于任何原因杀人。现在，如果在报纸上刊登一个招募愿意为自己的国家杀人的人的广告，这确实可能会吸引到符合条件的爱国且愿意为政府工作的精神病患者①，同样有可能吸引像汉尼拔·莱克特(Hannibal Lecter)②这样的人。这就是逆向选择问题。

假设精心设计的广告确实有效，它成功吸引了理想的候选人。MI6的问题解决了吗？答案是并没有。下一个问题是确保候选人在被选中后愿意如他们所希望的那样努力工作。但这是极其困难的。候选人所获得的薪水可能并不算高。但是，候选人可以入住四季酒店，出入各式酒吧，勾引美丽的间谍，常年居住在异国他乡，过着激动人心的生活。假设 M 因为政府预算有限，给邦德打电话，问他目前的工作状况。M 希望邦德尽快完成任务并返回英国。但是，邦德喜欢过异国生活，因此有动机来夸大作业的难度。他会告诉 M，例如，他可能会说任务确实很困难，围绕目标的安全保卫确实很严格，并且他需要更多的时间来执行任务(一直待在四季酒店中)。他还可能要求更多的运营预算(包括更大的酒吧卡座)和更多的其他支持。然而 M 并不知道邦德是否真正有理由提出这些要求。这就是道德风险问题。

那么我们如何解决这两个问题呢？经济学家讨论了解决这些问题
133 的两种不同方法。第一种方法，拥有更多信息的一方将采取行动，这就是信号模型(signaling models)。第二种方法，拥有信息较少的一方将采取行动，这就是筛选模型(screening models)。

第三节　信号模型

在信号模型中，拥有更多信息的参与方将采取行动。让我们回到汽

① 请读者自己判断精神病患者的描述是指杀人的意愿还是愿意接受政府的薪水并杀人。

② 汉尼拔·莱克特，《沉默的羔羊》系列里的角色。

车销售的案例。回想一下，在这个例子中，拥有更多信息和优质产品的卖方是最不利的。特别是，在第二个示例中，李子卖家愿意最多支付300英镑，以将自己与柠檬卖家区分开。那么，他们能够使用哪种信号来达成这一目的？

一种可能是为购买者提供第一年的保险。如果保险费用不到300英镑，则李子卖方可以说服买方，他确实是在出售一辆好车。同样，另一种选择可能是让买方带来他自己的技工，而卖方愿意为这项尽职调查的费用买单。在这两种情况下，该信号仅在柠檬卖方无法有效复制李子卖方时才有效。

让我们举一个更精确的例子来说明这一点。许多经济学家使用的经典例子是劳动力市场。让我们假设有两种类型的工人：好工人和差工人。每个工人都知道他（她）是不是一个好工人，但是准雇主无法确定特定工人的类型。特别是，每个工人都会说他（她）很好。

让我们假设，好工人对公司的价值为16万英镑，而差工人的价值仅为10万英镑。好工人可以选择在其他行业工作（辞职再找其他工作）并可获得11万英镑，而差工人只能获得7万英镑。请注意，对于这两种类型的工人来说，去其他行业工作都不是首选。这是他们最坏的情况。

假设一半工人好，一半工人差。另外，假设工人短缺，因此雇主之间 134
的竞争将市场工资提高到了雇员的真实价值。首先，让我们假设信息是对称的。这意味着，工人及其雇主都知道谁是好工人，谁是差工人。然后，雇主将向好工人提供16万英镑，而向差工人提供10万英镑。如果信息是不对称的，雇主将向所有工人提供（1/2×16万+1/2×10万=13万英镑）。有时（一半的时间）他们会以13万英镑的价格得到并不令人满意的工人，但还有一半的可能性，他们以相同的薪水得到让人十分满意的工人。差工人会更喜欢这种不对称的信息。因为，他们得到的薪水比辞职再找工作得到的薪水高得多。同样，唯一伤害的是努力工作的好工人。

因此，努力工作的人有动力表明他们是努力工作的人。他们需要信号。什么是劳动力市场的合适信号？理想信号有两个特征：其一是信号必须昂贵；其二是对于好工人来说，发送信号的收益必须高于其成本，而对差工人来说，发送信号的成本必须高于其收益（这样他们就不会复制信号）。一种可能的信号是受教育程度。

假设学生在商学院没有学到任何有助于提高生产力的知识。那教育就没有价值了吗？显然不是。这是因为进入著名的商学院本身就具有信号的价值。

假设一个好工人可以花 5 万英镑申请一所著名的商学院并从中毕业。一个天生缺乏智慧和动力的差工人为了获得相同的学位需要额外支付 2 万英镑（用于为被录取而准备的预科课程、在学校期间接受家教的费用以及加倍努力工作的心理成本等）。工人获得学位有什么好处？

假设一个好工人最终花了钱去商学院学习。我们假设信号是可信
135 的。换句话说，如果雇主看到工人有学位，则雇主会自动认为该工人是好工人，并向其支付 16 万英镑。对于一个好工人，该学位花费 5 万英镑，第一年的净收入为 11 万英镑。相比之下，获取该学位将花费一名差工人 7 万英镑，最终第一年的净收入为 9 万英镑。差工人会选择去上学吗？答案是不会。因为，对于差工人来说，他最好的选择是，不花钱去上学，老老实实做一个差工人，并获得第一年 10 万英镑的薪水。

在这个例子中，我们对信号的成本做了限制。商学院应收取多少学费？如果商学院的学费超过 5 万英镑，即使是好工人，也会选择不去读这个学位。相反，如果学费下降到 3 万英镑以下，差工人也会选择去读这个学位。这将使该学位的信号价值消失。举例来说，如果政府宣布由于教育有社会福利价值，它将给所有拥有学位的人提供 2 万英镑的税收抵免。此时，一个学位将花费一名好工人 3 万英镑和一名差工人 5 万英

镑。不幸的是，这意味着所有人最终都将获得学位，从而破坏学位的信号价值。雇主又回到了原来的状态，没有任何办法区分好工人和差工人，因此将不得不再次提供 13 万英镑给所有人。使教育过于廉价会破坏其作为信号的价值，即使教育本身确实具有作为社会福利的意义。这也许可以解释为什么在印度这样的一些国家，雇主抱怨说，每年都有大量的工程专业学生从该国的大学毕业，而这些毕业生实际上经常处于失业状态。这是因为在这些国家，教育得到了大量补贴，每个人都获得了学位，因此雇主无法将其用作区分优秀工程师和一般工程师的信号。

生物学和经济学中都经常会讨论信号。考虑一下为什么雄孔雀的尾巴又大又五颜六色。仅仅说雌性孔雀认为这样的尾巴更有吸引力是不够的。我们还必须解释雄性孔雀为什么这么做。大型彩色尾巴不仅吸引了雌性的目光，还吸引了诸如豺狗或豹子等掠食者的目光。此外，尾巴的重量使雄孔雀很难轻易飞起来。关于孔雀尾巴所释放的信号，生物学家认为，孔雀本质上是在暗示它承受着巨大的压力，而且它在这种 136
压力下幸存到成年，这意味着它是幸存者，因此可以成为很好的伴侣。请注意，雌孔雀并不需要这样做。与带有超长尾巴的雄孔雀交配的雌孔雀有更多存活的后代（尾巴较大），进而可以繁殖更多的后代。最终，尾巴的长度成为雄孔雀进化的推动剂，而捕食者则决定了尾巴长度的上限。

信号学甚至尝试对愤怒、嫉妒甚至坠入爱河等强烈情绪都进行了解释。宗教告诉我们，诸如愤怒和嫉妒之类的负面情绪很糟糕，我们需要关注正面情绪，让负面情绪消散[1]。医学书籍中已经写到了愤怒的负面后果[2]。那么，为什么我们还要和这些情绪一起进化呢？当它们对我们

① 他们并不是指谈恋爱（相对于爱某人）。

② 参见雷德福德·威廉姆斯（Redford Williams）：《愤怒的杀手：控制可能危害你健康的敌对行为的十七种策略》，纽约：哈珀·托奇，1998 年。

的健康如此有害时，这些情绪在进化层面的意义是什么？从信号学的角度来看，这些情绪最重要的价值其实就是它们的有害性。例如，假设你的孩子在你写一份重要的文件时大声叫嚷，要和你一起在花园里踢足球。此时，你很难理性地向你的孩子解释陪他踢球可以培养他们的社交技能和为孩子提供住处并最终供其上大学（如果完成这份重要文件使你得到晋升）之间的成本收益分析。相反，发脾气并对他们大吼大叫通常可以非常有效地解决这个问题。

医学证据表明，在极度愤怒发作后不久，人们患心脏病的风险增加了八倍多。其他研究表明，愤怒还会引发中风和心律不齐，导致睡眠问题、饮食过量、胰岛素抵抗，这些都会导致糖尿病[1]。理想的情况是假装发脾气，这将使孩子停止缠扰你，同时保持你内心的安定。不幸的是，我们还非常擅长发现人们何时在伪装自己的情绪，这也许就是伟大的演员
137 能够得到如此丰厚报酬的其中一个原因（也许）。这恰好类似于装作一个好工人的差工人——该信号仅在我们不会因为假装生气而面临随之而来的健康问题时才起作用。

同样，爱上某人也可以发出信号。如果我仔细研究伴侣的吸引力，并就她的优缺点进行成本效益分析，那么我的伴侣将会知道，当新的潜在伴侣出现时，我很可能会进行同样的分析。如果有一个新的更具吸引力的伴侣出现，她很可能被甩掉。因而，她将不愿为我们之间的关系做出承诺。如果我明显爱上了她，并且我无法对其进行成本效益分析，她才有可能会做出承诺。

在经济学中，对工作努力程度的选择也是一个信号模型的例子。当我们开始工作时，我们有两种选择来向别人表明我们工作的努力程度。我们可以选择一个超级勤奋的策略。如果我们知道老板通常上午9：00

---

① 参见让·沃伦(Jean Whalen)：《医生发现，愤怒的爆发确实损害了你的健康》，《华尔街日报》，2015年3月23日。

来公司，那么我们就在上午 8∶55 到公司。如果我们的老板通常在傍晚 6∶00离开，那么我们就在傍晚 6∶05 离开。另一种策略是超级天才策略，它包括我们上班迟到、提早离开，同时仍要完成与超级勤奋工作者相同的工作量。使用哪种策略会更好呢？

这个问题的关键是此处涉及两种非对称信息。当然，第一个信息是表明你有多聪明。然而，大多数阅读本书的人不太可能是体力劳动者，因而工作量是很容易被衡量出来的。因此，如果你采用超级天才策略，你的老板更可能认为你的工作特别轻松，而不是认为你特别聪明。在老板不了解工作的难度级别时使用超级天才策略将意味着你将获得更多的工作。

另一个可以用于解释信号模型的例子是大学授予教授终身教职[①]。在美国的学术体系中，教职是一种契约性权利。更简单地说，除非被裁 138
定违法，否则终身教授不会被解雇。表面看来，这个概念在 21 世纪似乎让人难以接受。因为在受过高等教育的人群中也普遍存在着工作上的不安全感，但大学老师有着终身聘用的“铁饭碗”。实际上，美国的“铁饭碗”是严格的二元制——只有少数学者能够获得终身教职，大部分学者只能获得薪酬较低且并没有终身保障的职位。

终身制的支持者认为，它保障了大学教育的质量，因为它赋予了教授学术上的自由，他们可以追求突破性的研究思想并自由发表自己的见解，而不会受到管理者的束缚。终身制的反对者认为，终身制是一个过时的体系的一部分，该体系鼓励教授进行研究，而忽视了教学质量。还有一些反对者认为，终身制实际上减少了学术自由，因为要获得终身教职，学者必须遵循政治或学术主流。

从经济学的角度来看，终身教职是大学保证其研究质量的一个简单

---

① 拉格范德拉·劳（Raghavendra Rau）：《终身教授的经济学原理》，《金融时报》，2014 年 6 月 1 日。

机制。回想一下两个主要的委托问题——逆向选择和道德风险。大学同样面临这两个问题：首先，他们需要聘请长期从事研究活动的教师，这可能存在逆向选择问题。其次，他们需要给教师提供激励，确保他们在被聘请之后能始终保持活跃的研究状态，这是道德风险问题。

教授任职后就不会被解雇。这一过程似乎加剧了道德风险问题。如果大学不采取任何措施惩罚教授，那么终身任职的教授可以在余生中放松下来，而不必担心被解雇。在这里，定期的绩效考核体系似乎比“铁饭碗”更好——如果教授开始懈怠，他们将在下一次审核中被解雇。

但是，绩效考核制度会恶化逆向选择问题。而对于大学来说，严重的逆向选择可能会导致其崩溃。大家考虑一下是什么使一所大学声名
139 鹊起？真正使一所大学声名远播的是其研究质量。大学的教授发现了什么、创造了什么，这些才是最终使一所大学变得伟大的基石。在《泰晤士高等教育》的年度大学声誉排名中，研究成果的权重是教学质量的两倍。教学质量是可以衡量的，完全可以通过学生评估、选修课的学生报名人数等来评估一个教师的素质。

但是，基础研究的本质是不可预测的。科学变得越来越专业化，以至于一个领域的科学家无法理解另一个领域的发现为什么重要。如果我向社会学家展示我最新的金融研究成果，我一定会得到一个大大的白眼。实际上，这意味着最优质的“法官”是同一领域的其他教授。

现在我们假设一所大学将废除终身制，取而代之的是每五年进行一次的考核。考核中，对研究贡献最少的教师将被解雇（大学不会过多地强调教学，因为其声誉主要取决于教授的研究成果）。现在，对于该地区的高级终身教授而言，最佳策略是什么？其实很简单。我们可以面试所有有抱负的教授并雇用其中的“白痴”（想法非常愚蠢的人）。五年之内，新任教的教授将被解雇，因为事前他们的研究思想都非常愚蠢，而那些非常有智慧的资深教授则获得了事实上的（尽管不是法律上的）终身制。

这就是大学所面临的问题。为了解决这个问题，大学对高级教授说：雇用聪明的初级人员。他们将为学校带来声望，从政府和行业中获得更多资金，并增加可用于你研究工作的资源。但是，无论发生什么情况，你的工作都是有保障的。

然而这加剧了道德风险问题。大学如何解决这个问题？他们加大了获得终身教职的难度，从而使得只有极少数人可以获得这一职位。在美国，超过 90%的教授没有所在学校的终身职位。为什么大学将获得终身教职的门槛设置得如此之高？这是因为大学希望这些少数能获得终身教职的人能受到强烈的激励，从而驱使他们在获得了终身教职之后也能够努力工作。当然，大学承认这只是希望，而不是要求。

在商业领域如何应用信号理论？我们可以考虑广告。你可能会看 140
到有些广告完全没有告诉你有关产品或公司的任何信息。那公司为什么还要发布这样的广告？原因是，公司不只是向客户发出信号，他们也在向竞争对手发出信号。一个花时间发布客户相关性为零的广告的公司就像一只雄性孔雀。实际上，它是在向竞争对手发出信号，表示其现金流或未来前景非常好，甚至可以花 100 万美元做一些没有什么意义的广告。某种意义上，这是在向竞争者发出不要尝试与其竞争的警告。

第四节　筛选模型

在某些情况下，买方会比卖方拥有更多的信息。尤其是，买方知道自己到底有多想买。例如，旅行社不知道游客的时间到底有多紧张。健康保险公司不知道其潜在客户的真实健康状况。汽车保险公司不知道客户的驾驶技术是好是坏。在每种情况下，卖方都有动机从买方那里获取此信息。这就是筛选模型的本质，在这种模型中，信息较少的一方提供了一个由选择构成的选择集。也就是说，信息较多的一方所做的选择实际上向信息较少的一方揭示了他的类型。

让我们举个例子来说明这一点。假设一家航空公司在特定的周末提供飞往非洲的豪华度假套餐,并提供从你所在城市出发的航空运输服务。作为买家,你知道哪些航空公司所不知道的事情?例如,如果你是业务主管,则一年中可能只有几个周末可以休假,并且你只能在这些周末去度假。相反,如果你是终身教授①,那么你可以随时随地去度假。

此时,航空公司如何确定你的类型?代理无法准确地知道你是否时
141 间紧迫。因此,航空公司选择了更便捷的办法。企业高管选择白天的航班的可能性更大,因此价格也要昂贵得多。清晨的航班或通宵的"红眼航班"更有可能被游客乘坐,因此价格可能会便宜一些。包括星期六晚上住宿的航班可能会比较便宜。为什么?你可以猜猜,谁更有可能在星期六晚上在旅途中过夜?企业高管不愿意一个人在一个陌生的城市里过周末,他们想回家。由于机票通常由公司支付,因此他们并不在乎价格。相比之下,赋闲的游客会很高兴拥有额外的以较低价格入住酒店的一天。

航空公司使用的另一种筛选工具是舒适感。与商务舱座位相比,经济舱座位非常不舒服。航空公司难道不能设计出更舒适的经济舱座位吗?当然能。但是航空公司知道,如果使用更舒适的经济舱座位,一些企业高管可能会说该座位足够舒适,从而减少他们升级商务舱的冲动。

同样的道理,在许多航班上,商务舱乘客可以优先登机。经济舱乘客仍在排队等候登记的时候,商务舱乘客已经将随身行李放到了宽敞的行李架上并早早安顿了下来。由于商务舱通常位于飞机的前部,因此,实际上在商务舱乘客之前登机对于经济舱乘客而言更有意义。然而,经济舱乘客较晚登机恰恰是这一安排的关键。他们中的一些人可能会看着商务舱乘客说:"如果我升级了,我早就安顿下来,嘲笑这些还在等待

① 或者更确切地说是一位退休教授,因为终身教授显然不会停止工作。

的经济舱乘客了,而不是像现在这样不耐烦地排队等候。”

我们再举一个私人健康保险公司的例子。通常,这些保险公司通过吸引尽可能多的健康的投保人并尽量降低他们必须为患病投保人支付费用的概率来赚钱。患病投保人在所有投保人中所占的比重越大,保险公司的利润就越少。那么,他们如何区分健康人和病患者呢?他们可能会选择对所有申请保险的人进行健康检查。但是,这可能会非常昂贵。
过去,在没有互联网的情况下,一些保险公司会选择开设在没有电梯的 142
高楼大厦的顶部。如果你足够健康,可以爬楼梯去保险公司,你就能获得保险。另一种更便宜的解决方法是排除先前已经存在的条件。该排除标准排除了那些已经生病才选择申请保险的人群。包括美国在内,一些国家的政府已提议取消使用已有条件来拒绝承保。如果不允许保险公司使用先前存在的条件,那么获得廉价保险的唯一方法是对人口中的每个人都强制实行强制性保险,无论他们生病还是健康。这样,健康的人就会补贴患病的人。

接下来的例子是汽车保险公司。汽车保险公司喜欢什么样的投保人?显然,他们更喜欢安全的驾驶员。在英国等国家,保险公司保留着索赔记录。如果你开车多年没有提出过索赔,你将获得无索赔奖金。但是,如果发生事故,你的无索赔奖金会自动减少,保险价格也会上涨。

假设你刚刚获得驾驶执照。这意味着你还没有驾驶记录,也没有无索赔奖金。此时保险公司如何确定你是哪种类型的驾驶员?一种方法是通过确认免赔额的大小。如果你选择高免赔额,则意味着你将承诺自掏腰包支付索赔中的部分金额。高自付额意味着自付的比例比较大。因此,保险公司会通过这样的选择,知道你相信自己是安全的驾驶员,因此可以为你提供低利率。相反,如果你选择的免赔额较低,则意味着你认为自己很有可能发生事故,因此保险公司会向你收取较高的费用。

银行是信号和筛选模型一个很重要的应用领域。银行确定谁是优质借款人的筛选机制是什么？一个明显的答案可能是利率水平。但这
143 真的是一个好的机制吗？假设银行将利率从5%提高到25%，谁愿意支付更高的利率？在存在有限责任的情况下，唯一愿意支付25%或更高利率的借款人就是无意偿还贷款的借款人。他们会同意贷款利率，拿走钱，然后宣布破产。

因此，在存在极端信息不对称的情况下，相比提高利率，银行更有可能对信贷进行定量分配。这可能是在2008年金融危机之后，即使银行借款利率极低，银行也没有做出任何努力增加放贷的原因之一。信贷危机中产生的不对称信息是如此大量，以至于银行无法区分优质借款人和劣质借款人。即使政府债券利率几乎为零，银行也不确定自己的贷款是否能够被还清。

银行确定谁可能是优质借款人的另一种方法是更密切地监视他们。但是，这要花钱。你可能可以观察到，从银行贷款500万美元要比贷款50美元容易。这是因为不管银行是贷出500万美元还是50美元，固定的监控成本都是相同的。有趣的是，小额信贷公司设法从少于50美元的贷款中获利。他们是如何做到这一点的？

这个领域的先驱者之一是格莱珉(Grameen)银行[①]，该银行以成功向孟加拉国提供平均贷款规模很小的贷款而闻名于世。如果格莱珉银行负担不起同等监视每个借款人的成本，他是如何找出谁是一个更优质的借款人的呢？答案是，格莱珉银行为一个社区提供贷款，而不仅仅是一个村民。格莱珉银行认识到，最有效地监视每个人的办法就是通过邻居之间相互监视。因此，在向一群村民提供贷款时，格莱珉银行告诉每个村民，如果该社区中的任何人违约，整个借款人群体的贷款都将被切

① 又称孟加拉乡村银行，是一个发放微型贷款的机构。此组织及其创始人穆罕默德·尤努斯一起获得了2006年的诺贝尔和平奖。——译者注

断。因此，所有村民都有冲动去监视邻居，以确保邻居不会浪费他们的贷款额。

第五节　公司治理

在第二章中，我们考虑了应该以谁的利益为目标来管理公司（利益 144
相关者和股东），并且得出结论认为，应该以股东的利益为目标来管理公司。这是因为他们在公司其他所有债务都被还清之后才可以得到支付，而且他们没有明确的合同保护。也正是因为这样，他们是最担心把他们的钱交给职业经理人管理的人。

但是从根本上来说，我们为什么需要股东呢？经理人不能管理和经营好自己的公司吗？如果可以的话，这就像自给自足的农民经营自己的农场的情况一样。没有信息不对称问题，就不会有公司治理问题。不幸的是，经理通常没有足够的资金来进行投资，或者兑现自己所持的股份。因此，他们需要外部资金，并从股东那里筹集资金。问题在于，一般而言，经理人是这个领域的专家，但股东通常不是。股东所拥有的信息和专业知识明显少于经理人。所以股东需要依靠更专业的经理人，才能从委托给经理人的资金中获得回报。这是一种经营和资本的分离。

竞争会不会影响公司治理？比如，一家公司面临激烈的市场竞争。这迫使他们将成本降至最低，包括筹集资金的成本。因此，每当公司做出投资决定时，都会向外部市场筹集资金。良好的公司治理可以使公司向投资者证明，他们的经理不会拿了钱就跑路。但市场上的资金是有限的，所以，公司在竞争筹集资金，这也就意味着公司在公司治理层面必须竞争，只有最优秀的公司才能生存。

上面这个机制仅在公司每次做出投资决定而必须进入市场融资时才有效。但实际上，公司不必同步其融资决策与投资决策。股本是非常特殊的，股东将钱给公司之后，他们可能几年都得不到任何反馈。

那么，为什么股东不在合同里明文规定（像其他利益相关方那样），以防意外情况发生呢？问题在于，由于无法预见大多数未来的突发事
145 件，因此几乎不可能写出这样的合同，更不用说写出明确的合同条款了。

例如，假设你是一家伞具公司的股东。如果今年剑桥的天气不好，经理承诺给你20%的回报；否则，回报率为2%。但是，什么是恶劣天气？让我们具体化，如果一年下雨超过300天，经理承诺向你支付20%的回报，否则将向你支付2%。但是，如何计量呢？毛毛雨算吗？空气潮湿算吗？只下雨10分钟算吗？最终结果是，即使经理被要求写一份完整的明文规定的合同，他们也不能这样做。大多数未来的突发事件很难描述和预测，因此，完整的合同是不可行的[①]。

因此，问题变成了，在没有明确合同的情况下，发生突发情况时，最终由谁来做出决定？一种可能性是股东在移交资金之前要求这些决定权。他们在保留所有剩余控制权的条件下才会向经理人付款。每当发生意外情况时，股东就可以决定要做什么。但是，这是行不通的。因为股东没有足够的专业性来做出正确的决定——这就是他们聘请职业经理人的原因。所以，最终的结果是，经理人将拥有剩余的控制权，并可以自行决定分配资金的方式。

那么股东最担心什么？经理们可以通过哪些方式来窃取股东资金？最简单的方法是直接卷走所有资金。经济学家称此为“侵占”(expropriation)，并记录了许多发生侵占的案例。例如，经理人可以建立自己的私人公司，以低价甚至免费向其出售公司的产品。然后，他们将继续以市场价

① 债券持有人如何（并且可以）写明确的合同？那是因为债券持有人的信息不对称问题比股东要小得多。他们并不关心公司的未来增长前景，他们所关心的只是回报。公司的正式财务报表为他们提供了许多合同信息，他们可以用来编写正式的合同，列出如果公司不能如期偿付时他们所拥有的权利。相比之下，股东的回报在很大程度上取决于公司的未来增长前景——一个更加模糊的概念，很难明确地予以定义。

格出售该产品，并将所得收入自己的腰包。同样，他们可以以很高的价格将原料出售给雇用自己的公司。

另外，经理人可以尝试实现自己的目标，而不是按照股东意愿进行工作。他们可以尝试最大化公司规模而不是最大化股东价值，因为通常大公司比小公司更难被接管。经理人可以将偏爱的下属、家人或朋友提 146
升到高级职位，这同样在大型公司中更容易做到。

经理人窃取股东资金的第三种方式是额外消费。私下使用公务机、在办公室安装长毛绒地毯或办理高尔夫俱乐部会员都是经理人消耗公款的可能方法。当然，经理人会声称这些是必要的，也不是他们的特权。例如，他们可以基于这样的理由来证明高尔夫俱乐部会员资格是正当的，即对外声称，这有助于经理通过其高尔夫社交圈发现新的商机。使用公务机的理由也是合理的，因为它可以节省经理去机场的时间。并且，不是专家的股东无法确定经理是否在说真话，股东并不能准确判断，这些对于公司经营确实是必需的，还是只是经理人在信口开河。

出于以上种种原因，股东很难完全信任经理人，除非经理可以做出有效的承诺。公司治理机制可以作为信号或筛选工具，向股东表明其资金是安全的。这些机制是什么？在本章的剩余部分，我将简要讨论四种主要的公司治理机制。

第一种机制是激励合同。激励合同是一种或有长期合同，在事前将管理者权益与股东的利益相结合。这意味着仅在管理者最大化股东价值时才能得到合同规定的回报，而在管理者损害股东价值时合同就没有回报。这样的合同包括股票期权、股权或在股价低廉时被解雇的威胁。如果管理者选择不按照股东意愿努力工作，那么股价将下跌，因此期权将不再具有任何价值。经理人为了获得报酬，就必须为股东的利益而工作。这就解决了道德风险问题。但这并不能解决逆向选择问题。换句
话说，大量的股票期权激励会吸引什么样的经理人？可能是那种认为自 147

己可以使股票价格大幅上涨的经理人。这些经理人可能对自己的能力充满信心,甚至可能过于自信。一些研究结果甚至显示,以期权形式支付的金额与公司的长期绩效之间存在负相关关系。

第二种机制涉及法律约束。法律约束因国家或地区而异,这些法律义务的性质决定了股东愿意将钱投资于公司的方式。例如,许多国家赋予股东在合并和清算等重要事项上投票的权利,以及选举董事会的权利。但是,行使和执行投票权往往需要付出高昂的成本。在某些国家或地区,股东不能以邮寄方式投票,他们必须出席股东大会才能投票。在许多情况下,公司之所以在偏远地区和异国他乡举行年度股东大会,正是因为它们希望使股东更难到达那里。

即使股东可以投票,他们的投票价值也会因国家或地区而异。例如,即使股东可能有权选举董事会,董事会也不一定代表股东利益。特别是由谁选出董事。在许多情况下,管理层会推荐董事。有时,董事会主席也是公司的首席执行官。这些都是公司治理问题,已经在全球、在不同时期进行了广泛研究。董事会最佳的规模是多大?内部董事与外部董事的比例应该是多少?在印度和中国等国家或地区,政府已授权董事会中有一定比例的独立外部董事。但是这些独立董事从哪里来?在印度这样的国家,并没有很多人具备担任独立董事的资格。因此,为了履行其职责,许多公司最终雇用了相同的独立董事。不幸的是,这些忙碌的独立董事即使没有利益冲突,也可能没有时间适当地监督公司。最
148 后,董事会其实起不到应有的作用。全球范围内的证据表明,除非在极端情况下,董事会通常都是被动的。通常只有在公司出现巨大的经营问题的时候,董事会才会采取行动。

第三种机制是所有权集中。当现金流集中在少数投资者的手中时,这些投资者就有动力监督管理者。而且,与将控制权分配给许多小股东相比,这些大股东之间更容易进行协调。本质上,所有权的集中可以提

高对股东的保护。所有权集中度在全球范围内各不相同。例如，在较小的德国公司中，通常是一个家族控制着多数股权或拥有金字塔式的股权结构。这种股权结构可以让最终所有者用最少的资本控制公司的资产。在美国和英国，金字塔式股权结构相对少见。这些国家对大股东、银行或共同基金行使控制权有法律限制。美国和英国都在进行反金字塔式股权结构运动，试图将紧密控制的股东结构改变为相对分散的股权结构。所有权的集中，特别是家族所有制，允许股东控制经理，但是造成了新型的代理问题。例如，大股东可以从公司的小股东手中夺取财富。

第四个机制是敌意收购市场。在美国，大型外部股东不是很普遍。因此，你需要一种不同的机制来确保经理人代表股东工作。这就是敌意收购。敌意收购的目标通常是业绩不佳的公司，一旦收购成功，目标公司的经理就会被撤职。但是敌意收购的代价十分昂贵。从政治上讲，它们也很脆弱，因为可能遭到管理层的反对。最后，当目标公司的管理层为其私人利益目标超额支付时，收购实际上会增加代理成本。

归根结底，每家公司的治理机制都有其自身的问题，不存在公司治
理的最佳实践准则。尽管许多政府和机构都发布了此类法规，但这些操 149
作基本上都是比较灵活的。回到我们以前的筛选模型原理，如果必须遵守某项指令，那么它就不再具有有效的信号意义。换句话说，如果一个好的公司想与一个差的公司区别开来，它就必须超越规则，找到一个市场认为能有效地将其与一个管理不善的公司区别开来的信号。但是，这是企业的责任，而不是市场的责任。如果该公司未能设法说服市场，证明它是一家好公司，那么它将不能从市场上筹到足额的资金。

第七章　市场效率

学习要点

- 为什么市场效率如此重要?
- 一个有效的市场意味着什么?
- 市场效率的类型
- 检验市场效率
- 与市场效率不一致的证据
- 系统地投资者偏差
- 套利限制

151 本书的最后一个主要理论也聚焦于信息。在第六章中,我们考虑了任何资产的买卖双方对于其真实价值可能具有不同信息的可能性。在本章中,我们将研究投资者是否会以不同方式处理他们收到的信息,从而导致市场价格无法正确反映资产的内在价值。

第一节　为什么市场效率如此重要?

让我们首先思考一下如何设定价格。假设我们要在线购买机票。

我们该做什么？我们大多数人将首先使用在线搜索引擎来查找价格。但是，我们是否会立即购买机票？许多人不会。我们将在第二天再次搜索同一张票。如果票价上涨，我们将更有购买的冲动。此时我们可能还愿意再等一天，如果价格继续上涨，我们立即购买的可能性就会更大。相反，如果票价下跌，我们将更愿意等待。如果机票再次降价，我们将愿意等待更长的时间。

本质上，我们正在做的是估计供求(supply and demand)。机票价
格上涨向我们发出信号：现在需求旺盛，供应不足。机票价格下跌标志 152
着相反的信号。公司使用几乎相同的信息来进行投资决策。如果特定商品的价格上涨，他们将尝试制造更多商品。所有这些意味着，价格为我们提供了有关供求的信息，包括预期经济增长(expected economic growth)、折现率、波动率(volatility)以及一系列其他宏观经济因素等非常有用的信息。不正常的价格会损害商业和家庭的计划。

同样，价格对公司治理也很重要。例如，如果我们要购买公司的股票，并且从购买股票起股价就上涨了，那么我们可能会得出结论：公司经理人是称职的。如果自购买股票以来股价急剧下跌，则我们更有可能得出以下结论：这家公司的经理人可能是白痴。同样，不正常的价格也会损害经理人的形象。

第二节　一个有效的市场意味着什么？

有效市场假说(the efficient market hypothesis，EMH)是如何发展起来的？在20世纪60年代之前，有两种基本的投资分析方法。第一种被称为技术分析(technical analysis)，第二种被称为基本面分析(fundamental analysis)。技术分析(也称为图表分析)假设我们只需检查过去的价格或回报模式即可找到良好的投资标的。我们不需要了解

公司的任何信息，包括公司名称、产品、管理、销售、资产或其他任何信息。我们需要知道的是公司股票在过去一两年中的交易方式。自 20 世纪 60 年代以来，技术分析不断采用新的、看起来更复杂的形式。例如，在今天，它被称为算法交易（algorithmic trading）或日间交易（day trading），但是基本思想还是保持不变。

相反，基本面分析假设可以通过仔细分析财务和经济数据来找到良好的投资标的。在这种方法下，我们需要找出一切可能和公司有关的信息，以便找出其内在的价值。这种方法与技术分析一样古老，它构成了许多分析师和投资公司［例如伯克希尔·哈撒韦公司（Berkshire
153 Hathaway）］的估值基础。事实是该领域的先驱教科书之一是格雷厄姆（Graham）和多德（Dodd）的《证券分析》（*Security Analysis*），该书编写于 1934 年，目前仍然十分畅销。

那么在 20 世纪 60 年代发生了什么？经济学，尤其是一般均衡理论（general equilibrium theory）取得了长足的进步。金融学成为一个受人尊敬的学术领域。当我们假设存在竞争以及证券市场接近完美竞争时，很容易推导出一般均衡的理论模型。当时人们认为，如果市场是完全竞争的，就不会有免费的午餐之类的东西存在。

这自然而然地催生了有效资本市场（efficient capital market）的定义：有效资本市场是有效处理信息的市场。我们随时观察到的证券价格是基于对当时所有可用信息的“正确”评估。换句话说，在有效的市场中，价格完全反映了所有的可用信息。

尤金·法玛（Gene Fama）于 1970 年对这一问题做了突出贡献，这在一定程度上帮助他在 40 年后获得诺贝尔经济学奖。当然，并非所有人都相信这一点。例如，据报道，伯克希尔·哈撒韦公司[1]董事长、首席执行官兼最大股东沃伦·巴菲特（Warren Buffett）[2]曾说："如果市场总是高效的，我将在大街上乞讨。"同样，美国财政部前部长兼哈佛大学校长拉里·萨默斯（Larry Summers）[3]非常干脆地拒绝了最初有关 EMH 的论文，并在评语中写道："看，这里有白痴。"

但是，市场效率的定义比乍看起来要更微妙。让我们举个例子来说明。假设 Mighty Oak 公司正在开发一种新计算机，其运行效率将是目前市场上所有计算机的两倍。这是公司目前唯一的项目，新计算机目前计划在两年后投放市场。该项目的净现值为 1 亿美元，因此该公司至少价值 1 亿美元。让我们假设今天——10 月 1 日，公司宣布一位知名教授将于明年 1 月 1 日加入工作团队，以帮助开发新计算机。该教授将大大提高将计算机早日投放市场的概率。多早？可能一年吧。因此，有了 154
教授，新计算机将在一年后被推向市场。使用第四章中的期权理论，我们可以计算出该早期上市期权对公司的价值为 1000 万美元。

这对该公司来说是好消息还是坏消息？表面看来，这似乎是个好消息。但是，直到我们弄清楚教授将获得的报酬，我们才真正知道这到底是好是坏。例如，如果教授实际上因使公司价值提高了 1000 万美元而获得了 2000 万美元的报酬，那么这实际上导致了 1000 万美元的股东价值的减少。为了简化问题，让我们假设教授的服务费用为 100 万美元。

---

① 伯克希尔·哈撒韦公司由沃伦·巴菲特创建于 1956 年，是一家主营保险业务，在其他许多领域也有商业活动的公司。其中最重要的业务是以直接的保险金和再保险金额为基础的财产及灾害保险。伯克希尔·哈撒韦公司设有许多分公司，其中包括：GEICO 公司（美国第六大汽车保险公司）、General Re 公司（世界上四大再保险公司之一）。——译者注

② 沃伦·巴菲特，1930 年 8 月 30 日生于美国内布拉斯加州的奥马哈市。他是全球著名的投资商，主要投资品种有股票、电子现货、基金行业，1956 年创建伯克希尔·哈撒韦公司。2020 年 2 月 26 日，沃伦·巴菲特以 7100 亿元财富位列《2020 胡润全球富豪榜》第 4 位。——译者注

③ 拉里·萨默斯，美国著名经济学家，美国国家经济委员会主任。在克林顿时期担任第 71 任美国财政部部长，曾任哈佛大学校长。因为研究宏观经济的成就而获得约翰·贝茨·克拉克奖。——译者注

从项目价值的增值中减去这一费用，然后，我们得出的结论是，聘用该教授将使公司的价值提高 900 万美元。但事情到这里还没结束。我们关心的问题是，市场何时将接收到这一好消息。

可能的日期有三个：第一是原始公告的日期，即 10 月 1 日。这名教授尚未加入公司，也没有开发新的计算机。第二是明年 1 月 1 日。此时，教授刚刚加入公司，但尚未开发新的计算机。第三是明年 10 月 1 日。此时，教授在这里已经在公司工作了 10 个月，并且已经开发了新的计算机。

答案明显是明年的 10 月 1 日。这意味着明年 10 月 1 日，该公司的价值将增加 900 万美元。但是，市场效率的关键假设之一是竞争，充分的竞争。明年 9 月 30 日会发生什么？一位知道在 10 月 1 日该公司价值将上涨 900 万美元的竞争交易者将试图在 9 月 30 日先于其他所有人购买股票。一个更具竞争力的交易者将在 9 月 29 日尝试购买。不断迭代这个过程，最终将导致：竞争激烈的交易者试图保持领先地位，他们将在教授尚未加入公司且尚未开发新计算机的今天就尝试购买股票。由于今天每个人都在尝试购买这些股票，因此该公司的价值今天就将跃升
155 900 万美元。这个例子说明了价格是对信息而不是对事件的反映。

进一步地，市场效率的深层含义是，在竞争激烈的有效市场中，不可能根据信息始终如一地获得超额收益。更确切地说，由于残酷的竞争，如果你想在股票市场上赚钱，则必须每次都率先交易被低估的股票。如果每个人都在争夺第一名，就没有办法保证你每次都能快人一步。

EMH 背后的经济学原理是什么？一个明显的答案是，市场价格 P 是供求关系的结果。可以将 EMH 视为关于供求曲线的相对形状或位置。证券的供给曲线是什么？证券是由公司提供的，因此我们要做的是绘制当价格变化时公司如何改变其所提供证券的数量。供应量是由主要市场上的公司通过发行更多股票或回购股票来确定的。企业如何应

对短期价格波动？通常，他们对此并无办法。因此，短期内供应曲线实质上是一条垂直线，如图 7.1 所示。价格每天变化时，公司不会更改其发行的股票数量。按经济学家的说法，股票供应在短期内没有价格弹性。

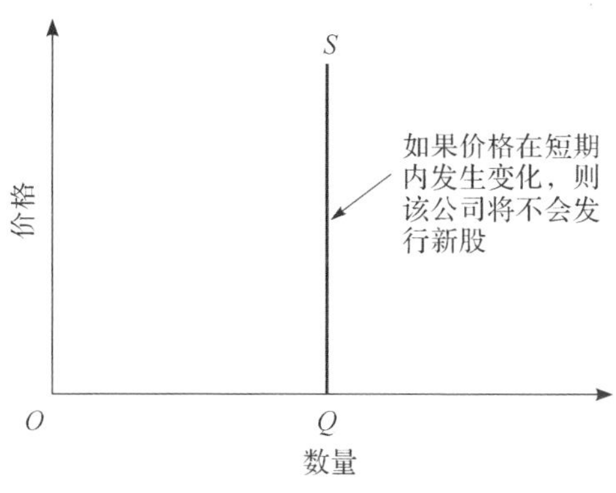

图 7.1 股票的供给曲线

股票的每日价格走势是由总需求(投资者的总需求量)的波动所驱 156
动的，该波动是价格 P 的函数。如果我们假设没有新的信息进入市场，那么股票就像任何正常的商品一样。价格上涨时，需求量下降，反之，价格下跌时，需求量上升，如图 7.2 所示。

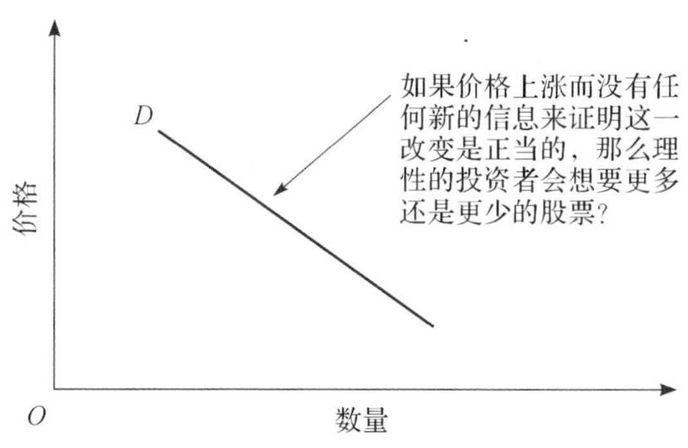

图 7.2 股票的个人需求曲线

总需求曲线是所有投资者的个人需求曲线的总和，如图 7.3 所示。

当价格相对于投资者期望而言较高时,需求量就较低,但是随着越来越
157 多的投资者进入市场,单个投资者相对于整体投资者而言变得相对不重
要,需求曲线就会变得平坦。因此,与大量投资者相比,任何个人投资者
的需求都变得微不足道。

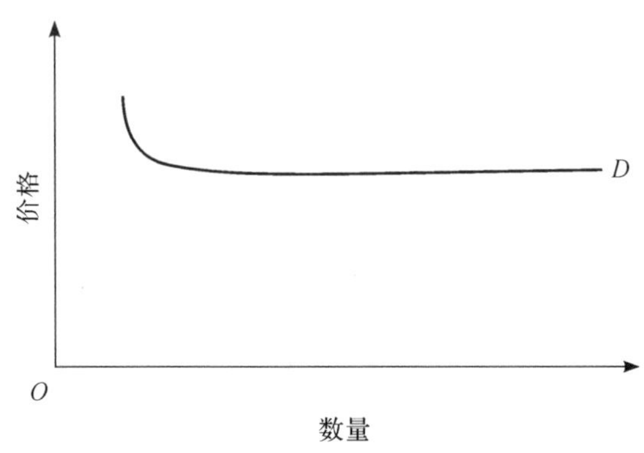

图 7.3　股票的总需求曲线

现在结合总需求曲线和总供给曲线,图 7.4 显示价格设置在公司的
供给曲线与总需求曲线相交的点。在 EMH 中,当总供给与总需求曲线
158 相交时,需求曲线是平坦的。这个简单的陈述隐含了很多信息。例如,
总需求曲线在需求很少时(投资者很少,因此需求的微小变化将大大改
变价格)不太可能是平坦的。在这些情况下,EMH 不一定会成立,因为
个人投资者的想法可以改变所需的价格和数量。在 EMH 中,个人投资
者相对于大量投资者而言微不足道,因此没有任何个人投资者可以通过
买卖来改变价格。这意味着 EMH 在拥有大量投资者的高流动性市场
中比在投资者很少、流动性较小的市场中更有可能成立。

在总供给曲线与总需求曲线相交的这一点上,EMH 的结论是,如
158 果总需求曲线是平坦的,则市场价格 P 由证券的基本值 $E[P^*]$ 给出。第
二章中的 NPV 分析给出了证券的基本价值:

$$E[P^*] \equiv \sum_{t=1}^{\infty} \frac{E[CF_t]}{(1+E[R])^t} \tag{7.1}$$

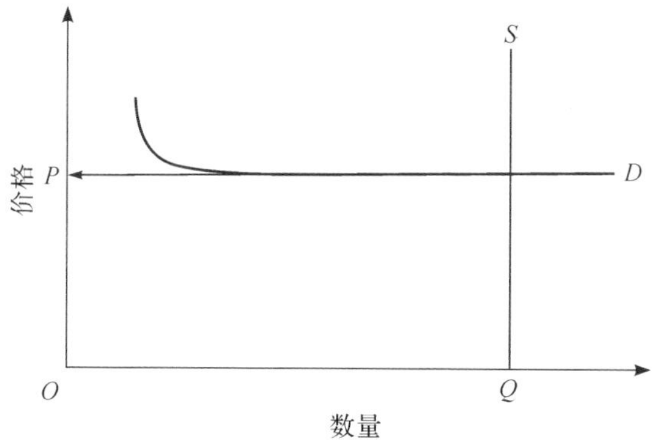

图 7.4　股票的总需求曲线和供给曲线

在这里，$E[R]$ 是合理的折现率，而 $E[CF]$ 是预期的现金流量。

在什么条件下总供给曲线可能会在总需求曲线平坦时与总需求曲线精确相交？

有三种可能。第一种，假设所有投资者合理地使用式(7.1)来推导任何证券的基本价值。具体来说，他们根据预期的折现现金流量对证券进行估值，并准确地使用所有信息来确定 $E[P^*]$。如果有价证券的市场价格下跌至甚至低于 $E[P^*]$ 的一小部分，甚至跌破一分钱，那么每个理性投资者的需求就会增加。同样，如果 $P > E[P^*]$，则每个理性投资者的需求将大大减少（如有必要，甚至可以卖空）。这将使总需求曲线在 $P = E[P^*]$ 处保持平坦。

第二种，即使某些投资者由于不使用式(7.1)对证券进行估值而具有非理性的想法，他们之间的不相关性，最终也会导致这些非理性的想法相互抵消。例如，如果乐观主义者认为 $P < E[P^*]$，而相等数量的悲观主义者认为 $P > E[P^*]$，则他们可以彼此交易而不影响 P。因此，在均衡状态下，$P = E[P^*]$ 将继续保持。

第三种，假设有大量非理性的投资者，他们都同时认为证券价格过高($P > E[P^*]$)，并且都在恐慌，试图出售股票。即使在这种情况下，只要套利[①]是可以无限进行的，市场仍将保持有效。套利者是理性的那些投资者，他们确实使用式(7.1)，理性地计算 $E[P^*]$，并在 $P \neq E[P^*]$ 时进行大宗交易。因此，即使其他所有人都可能感到恐慌，这些理性的套利者也会进场，购买大量股票并将价格推回内在价值。

套利者如何在不冒险的情况下做到这一点？他们通常会通过构建
159 套利投资组合，其中包括定价错误的证券和具备完美现金流替代性的相反头寸。这一想法是在对冲现金流风险的同时利用定价错误来盈利。例如，假设你注意到一个手提包在国外的售价比在国内便宜。你可能会考虑购买整批的手提包，将其带回国内，然后加价出售。这是套利吗？其实不一定，因为存在风险。假设你购买了手提包，但是在你从用外币支付到最后以本币出售的这段时间里，本币出现了贬值。这种汇率风险降低了套利机会的价值。同样，你需要考虑机票的费用、超重行李的价格，或海关将阻止你并质疑为什么要购买这么多手提包的风险。所有这些风险都会导致这个看起来明显的套利机会在现实中并非如你所愿。

最终的结果是，只要每个人都合理地使用式(7.1)(以及书中的其他公式)之类的公式来得出价格并做出交易决策，或者只要投资者没有相关的误解(不同的投资者会以不同的方式对待新的信息，他们不会全部认为这是好消息，也不会全部都认为这是坏消息)，市场就将变得高效。或者即使他们具有一定的误解，也可以不受限制地进行套利。

只要满足这三个条件，按照 EMH 理论，就不可能一直从信息不对称中获得超额收益。但让人遗憾的是，没有人(也许是金融教授除外)百分之百地相信市场效率。否则，就不会有数百名华尔街交易员每天拼命

---

① 套利在金融中具有非常精确的含义。套利是一种商业交易，在世界上某些地方提供正的净现金流入，并且在任何情况下(今天或将来)都没有负的净现金流出。它是无风险的免费的午餐。套利不等于获得无风险回报。毕竟，政府债券不是套利。原因是购买安全的政府债券需要你今天付出现金，这是负现金流量。同样，套利不同于今天没有明确偿还义务的借款。如果你愿意承担风险，今天通常可以收到现金。例如，保险公司收钱以换取他们将来可能必须付款的可能性。他们希望他们不必冒偿还保险费的风险，但他们接受可能必须偿还保险费的可能性。

交易赚钱了。为什么并非每个人都相信市场效率理论？一种可能性是事实并非像想象中那般有趣。例如，假设你今天在股票市场上赚了钱。羡慕你的朋友问你是如何做到的。你可以说，“嗯，你知道市场是有效的——有时你赚钱，有时你亏钱。这次我赚了钱，但很多时候我都亏了”。这种声音有点无聊，不是吗？除此之外，你还可以说，“嗯，我对市场的走势、首席执行官在上次电话会议中的举止、分析师提出的问题做 160
了很多仔细的分析，我认为出了点问题，因此我卖空了股票”。这听起来更加聪明和有趣。而且，市场回报图表中还存在错觉、幻影和明显的模式。人类是惊人的模式探测仪。正如我们对占星术的信念所表现出的那样，我们可以发现任何事物的模式。人类很难相信市场走势本质上是随机的，尤其是当我们看到信息在推动价格上涨时。

当我们听说那些在股票市场上赚了很多钱的交易员时，情况就会变得更加艰难。这样的例子数不胜数，比如，乔治·索罗斯(George Soros)[①]，他被称为打败英格兰银行的人，部分原因是他在1992年与英格兰银行持反对立场并获胜，这间接导致英国最终脱离了欧洲汇率机制；对冲基金保尔森公司(Paulson&Company)的管理人约翰·保尔森(John Paulson)[②]通过做空美国住房市场在2007年赚了37亿美元；伯克希尔·哈撒韦公司的传奇董事长兼首席执行官沃伦·巴菲特在过去的50年中获得了非凡的回报。如果沃伦·巴菲特能够在50年内获得非凡的回报，我们怎么可能说，不可能根据信息一贯地获得异常收益？

让我们回到最初的EMH定义当中。我们需要在定义中强调三个

---

① 乔治·索罗斯，慈善家，货币投机家，股票投资者。现任索罗斯基金管理公司和开放社会研究所主席，是外交事务委员会董事会前成员。在美国以募集大量资金试图阻止乔治·布什的再次当选总统而闻名。2020年2月26日，以600亿元人民币财富名列《2020世茂深港国际中心·胡润全球富豪榜》第226位。——译者注

② 约翰·保尔森，Paulson&Co公司总裁，这家公司是一家总部位于纽约的对冲基金。约翰·保尔森是美国次贷危机中的最大赢家之一，在2007年次贷危机中大肆做空而获利，一战成名，因此被人称为“华尔街空神”“对冲基金第一人”。——译者注

关键词:根据“信息”,不可能“一贯地”获得“异常”收益。

第一,我们来看“一贯地”。市场效率并不是说不可能获得异常收益。在某些情况下,你可能会获得异常收益。关键是不要将日常工作押在持续赚取异常收益上[①]。

第二,“异常”一词是什么意思?由于异常意味着不正常,因此我们首先需要定义什么是正常收益。

161 第三节　检验市场效率

式(7.1)的问题在于 EMH 没有说明要使用哪个 $E[R]$或 $E[CF]$。它只是说市场使用的是“正确的”。换句话说,EMH 推论 P 等于可以使用给定的“信息集”做出的 P^* 的最佳估计。那么我们如何测试 EMH?最直接的方法将是计算 $E[P^*]$并查看它是否等于 P。但是这种方法存在两个问题:我们如何预测现金流量 CF? 正确的折现率 $E[R]$是多少?这些都是难题。因此,在一个相对间接的方法中,我们实际要做的是测试是否可以使用给定的信息集预测“异常”收益(超过正常 $E[R]$的收益)。这样可以避免预测现金流量,但是我们仍然需要知道 $E[R]$。

根据第三章,我们知道式(3.8)中的一个明显的可利用方法是资本资产定价模型(CAPM)。自其出现以来,人们已经对 CAPM 进行了广泛的测试。但遗憾的是,这些测试的结果表明,CAPM 在收益方面的解释力相对较弱。因此,其后又出现了许多用以替代 CAPM 的资产定价模型,包括 Fama-French(FF)三因子模型、FF 五因子模型、消费 CAPM(CCAPM)和套利定价理论(APT)等。但仍然让人遗憾的是,它们中没有一个能完美地解释收益。每个模型都进行了具有争议的假设,并且每个模型都存在一定的现实问题。

---

① 除非你的日常工作确实包括试图赚取异常收益。

对我们而言，这意味着对市场效率的每次检验都涉及两个假设，第一个假设是我们使用的是正确的资产定价模型（一个投资者也在使用的模型），第二个假设是如果我们使用的是正确的模型，那么我们不能获得异常收益。

这被称为联合假设问题（the joint hypothesis problem），一个微妙但非常重要的问题。例如，假设我告诉你，我的资产定价模型预测证券交易所指数的正常回报率为每年10%，但实际上你赚了15%，有三种可能性可以解释你的表现：

1. 模型正确，市场效率低下（因此你获得异常收益）。

2. 模型不正确，但是市场效率高：也许预期的市场回报率确实是 162
15%，你并没有赚到异常收益。

3. 模型不正确，市场效率低下：也许预期的市场回报率为12%，你获得异常收益，而并非模型所预测的收益。

遗憾的是，由于我们缺乏对风险的准确认知，因此我们无法区分这三种可能性。某一个共同基金经理声称自己赚取了超过指定基准的异常收益，并不意味着市场效率低下并且他正在利用这种效率低来赚钱。这可能只是意味着他使用了不合适的基准[①]。

第四节　市场效率的类型

第三，信息一词是什么意思？我们可以考虑三组信息，这些信息可以用来形成我们对基本价值 $E[P^*]$ 的期望：

1. 过去的价格/收益。

2. 所有公开可用的信息。

3. 所有的公共和私人信息。

---

① 异常收益有时被称为超额收益，因为它们是超过基准的收益。

这三组信息可以引申出三个(逐渐增强)市场效率概念：

1. 弱有效市场:价格有效地反映了所有过去的信息。

2. 半强有效市场:价格有效地反映了所有公共信息。

3. 强有效市场:价格有效地反映了所有信息,无论是公共的还是私人的。

弱有效市场将过去所有信息都反映在价格中。除了回报和价格外,我们不需要有关公司本身的任何信息。考虑一个简单的规则:“如果某
163 只股票的交易量达到某个最低阈值,并且该股票价格的 50 天移动平均线超过 200 天移动平均线,则购买价值 100 美元的股票。如果交易量达到阈值,并且 50 天移动均线跌破 200 天移动均线,则出售 100 美元的股票。”该规则背后的逻辑是,需求高(交易量超过了高阈值),并且短期价格(50 天移动平均线)高于其长期平均水平(200 天移动平均线),则股票价格可能会上涨,因此买入这些股票是个好主意。实际上,这样的规则是技术分析或算法交易的本质。弱有效市场理论认为,这样的规则是无效的。换句话说,日内交易可能很有趣,但是并不能持续为你赚到足够的钱。

弱有效市场已经经过了广泛的测试。研究人员试图发现今天的收益率是否可以用来预测明天的收益率,本周的收益率是否可以用来预测下周的收益率,或者类似地用于其他时期。但他们不能。在控制了基准收益之后,过去的价格似乎几乎没有解释未来收益的能力。这并不完全令人感到惊讶。如果存在明显的价格运动模式(例如,今天的低价意味着明天的低价),它们将立即被套利交易所吞噬。研究人员尝试了非常复杂的交易规则,而不仅仅是简单的趋势。这些测试的一致结论是,即使可以使用过去的价格预测(略微)异常收益,交易成本也可能会吞噬掉所有利润。

半强效率市场将有关公司的所有公共信息都反映在价格上。例如,

虽然我们可能看过描述了1912年4月15日的沉没事件的电影《泰坦尼克号》，但大多数非经济学家[①]可能没有注意到导演詹姆斯·卡梅隆(James Cameron)[②]忽略了当初这艘船的所有者——国际海运公司(IMM)，花了750万美元建造了这艘船，但只有550万美元的保险。在两天内，IMM的市值下降了250万美元。在没有电子邮件、直升机新闻摄影机或推特(Twitter)的时代，市场不到两天就对这些信息做出了反应。200万美元是保险价值的差额，而额外的50万美元可能是声誉损失导致的现金流量减少所致。理解市场效率如何起作用的最简单方法 164
是使用图7.5中的事件研究来实现收益的可视化。

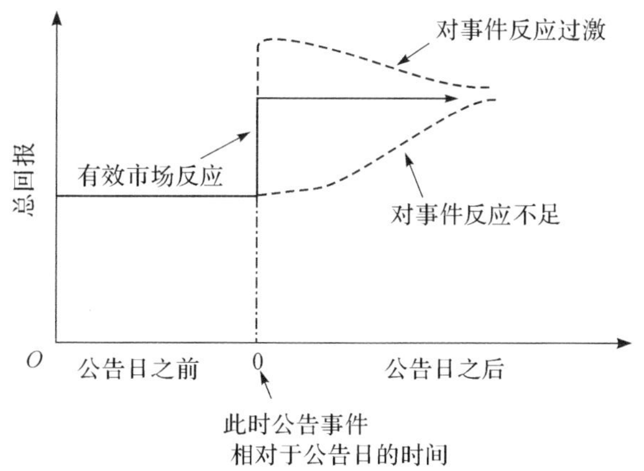

图7.5 事件研究：有效市场中股票价格对新信息的反应

如果市场是半强有效市场，唯一可能的反应是在信息公开发布之日(公告日)立即做出反应。通过在公告日进行买入来持续赚取异常收益应该是不可能的，因为所有竞争激烈的交易者都在当天买入，从而导致

① 致经济学家。

② 詹姆斯·卡梅隆，1954年8月16日出生于加拿大安大略省，好莱坞电影导演、编剧。1997年，他执导的电影《泰坦尼克号》取得了18.4亿美元的票房，打破全球影史票房纪录；该片在第70届奥斯卡金像奖上获得了包括最佳影片在内的11个奖项，詹姆斯·卡梅隆凭借该片获得了奥斯卡奖最佳导演奖——译者注

价格瞬间上涨。相比之下,假设你汇总了1000个相同类型的事件,然后把它们合并,观察价格需要时间来响应信息的过程。收到好消息后,股价慢慢上升——这意味着市场反应不佳。此时,你不必激烈竞争。你可以花些时间购买,但仍可以保证自己赚钱。同样,假设你发现市场持续反应过度,然后自我纠正,在这种情况下,你只需在公告日卖空股票,然后在价格随后下跌时赚钱。半强有效市场认为,这两种替代策略实际上都是无用的。换句话说,基本面分析毫无价值。

165 检验半强市场效率的另一种方法是研究共同基金和对冲基金经理的表现。这些经理声称他们是不断研究市场投资机会的专家。那么他们的回报是不是要比那些非专业的散户投资者更好?研究人员回溯了过去65年中共同基金和对冲基金经理的总体表现。他们使用替代基准测试模型来衡量绩效以及控制统计偏差。结果显示,几乎没有证据表明共同基金经理确实是专家——他们并未始终获得高于适当的风险调整基准的套利回报。这样的认识导致被动式基金公司(例如Vanguard)的增长,这些公司专注于购买整个市场。换句话说,他们隐含地认为市场是有效的,因为没有投资者能够持续跑赢市场。因此,被动型基金提供了一种廉价的多元化投资方式,而且他们并不希望打败市场。

那我们如何解释伟大的投资者呢?例如,沃伦·巴菲特对使用基本面分析来识别被低估的公司持开放态度。50年来,他是如何赚取超额收益的?如果你在1965年投资100美元购买伯克希尔的股票,那么到2014年底,你将拥有1826163美元,而投资S&P500指数将为你带来11196.5美元的收益[①]。此处,我们需要注意的是,所有重要的投资者都是事后确定的。换句话说,对我们而言重要的不是沃伦·巴菲特是否在过去半个世纪中获得了非凡的回报,而是我们是否可以找出下一个沃

---

① 参见杰夫·萨默(Jeff Somer):《重新审视巴菲特的壮举》,《纽约时报》,2015年3月8日,第4页。

伦·巴菲特。如果没有时间作为参照,那么去论证沃伦·巴菲特是一位非凡的投资者绝对没有任何价值。

这样的话,有些基金经理斐然的业绩是不是让你觉得很有趣?这些基金经理的存在不是表明有可能击败市场吗?那是否代表我们其他人也有希望?可惜并不是。我们来看抛硬币游戏。

假设我们让全世界的所有投资者排成队,并要求他们每个人都抛一次硬币。我们假设全球共有5亿名投资者[①]。如果硬币正面向上,我们 166
就告诉他们,他们已经击败了市场,并且有可能会继续击败市场。如果硬币反面向上,就让他们离开。在第一次抛硬币之后,大约有2.5亿名投资者以绝对的优势击败了市场。第二次之后,有1.25亿名投资者连续两次击败市场。在连续投掷了25次硬币之后,仍然有15个投资者连续25年击败了市场——你看,这只是靠运气。我们的问题是我们认为25年是很长的时间。而更重要的问题是,相对于市场上的投资者数量而言,25年是否也是个很长的时间。答案显然是“不是”。

那50年呢?即使有5亿名投资者,也没有人能连续50年打败市场,对吗?实际上,确实没有人。沃伦·巴菲特的非凡记录大部分来自他职业生涯的前几年。他最近几年的表现平平无奇。

早期的成功至关重要。假设沃伦(Warren)和艾伦(Ellen)两个球员每天掷一次硬币一次,分别下注正面和反面(前一天押正面,后一天就押反面)。如果在某个时间点之前出现更多的正面,则在那个时间点沃伦领先,反之则艾伦领先。尽管每个球员在任何时候都有同样的领先优势,但从统计学上可以看出,会有其中一个球员几乎一直都处于领先地位。如果投掷1000次,沃伦(或艾伦)领先90%以上时间的概率要远高于其领先45%～55%时间的概率。

总的来说,半强有效市场也是相当有效的。大多数事件研究都发

① 经济学家称这是一个有根据的猜测,或者一个拍脑袋得出来的数字。

现,市场对新闻做出了正确的反应。没有系统性的过度反应或反应不足的情况,因此也就没有简单的交易规则存在。即便是使用公共信息的高技能投资者(共同基金经理)也似乎并未获得异常的利润。

最后,一个强有效市场将有关公司的所有公共或私人信息都包含在
167 其价格中。这似乎令人难以置信。市场如何将私有信息(根据定义,没人知道)纳入价格中?而且,如果这是真的,就意味着完全没有必要为防止内幕交易而立法(其本质是防止交易者利用私人信息)。

为了了解这是如何实现的,让我们假设内幕交易是完全合法的,并且市场强有效。假设你是一家公司的首席执行官,并且正与你的信息技术主管一起在卡姆河上划船。

似乎有很多想法的信息技术主管突然脱口而出:“你知道,我们已经认识很久了。我需要告诉你,公司存在巨大的问题。我们的服务器刚刚遭到黑客入侵,黑客几乎转移了公司的所有资金。我设法节省了最后的1000万美元,而碰巧的是,我用这笔钱买了这艘船座位下面的不记名债券。公司没有希望在本月底之后生存下来。当我们结束这次乘船之旅时,在码头上有一辆出租车在等我。出租车将带我到机场,在那里有一架私人飞机会带我去南美洲。你将再也见不到我。目前,除了我和你,没人知道。”信息技术主管是个魁梧的家伙,所以你没有希望控制住他[1]。你的手机没电了。此时,这些信息将如何反映在价格上?

答案在于你的行动。既然内幕交易是合法的,那该怎么做呢?由于新闻发布后公司会变得一文不值,因此你最大的希望是在新闻出现之前变卖所有股票。问题在于,当你致电给经纪人指示立即以任何价格出售所有股份时,经纪人立即开始思考:“这是一个想要出售其所有股份的公司的首席执行官。我不需要真的知道他知道的信息是什么。我只需要知道这是一个坏消息。从他的疯狂程度来看,这可能是一个可怕的消

---

[1] 另外,你也不会游泳。

息。”因此，任何理性的经纪人都将立即开始出售自己名下该公司的股票，并呼吁所有客户也出售其所有股票。甚至在你的股票卖出之前，所有这些前期操作实际上已将股票的价值降至零。换句话说，有关首席执 168
行官行为的信息是推断公司真实价值的信号(如第六章所述)。

如你所见，这个例子的关键在于将卖方识别为内部人员。然而，这并不总是可能的。内部人员可以隐藏交易，将交易分解成较小的数量，然后通过朋友和中介进行销售。因此，研究表明，市场不是高效的，内部人士确实可以赚钱。

第五节　与市场效率不一致的证据

在过去的几年中，越来越多的研究表明，似乎在各种市场中都存在着明显的运动模式——股票市场、期货市场、外汇、债券、期权、房地产市场，甚至体育博彩市场。这些模式似乎违反了弱有效和半强有效的市场效率假设。而且其中许多模式都是极其简单且易于利用的。

例如，日历效应似乎在投资中很普遍。和日历中的平均回报有所不同，在某些月份，某月的某些天甚至是一周中的某些天，回报似乎都异常高或低。这些日历效应的发现为行为金融学领域的发展提供了早期动力。因为它们很难与弱有效的 EMH 保持一致。这些日历效应的例子包括一月效应(小公司在一月表现出高回报)、另一种一月效应(随着一月过去，一年中的剩下时间也会随之过去)、假期效应(假期前股票收益很高)、星期一效应(星期一股票收益率低)、月度影响(股票收益在月初左右较高)和总统周期效应(美国股票收益在民主党总统执政时期比在共和党总统执政时期更高)。虽然已经有人对其中的几种现象进行了解释，但仍然很难解释为什么这些现象持续存在。

违反弱有效 EMH 的其他示例包括动量和反转模式。如上一节所 169

述，在测试弱有效的EMH时，如果将分析时间从几天和几周延长到几个月，则确实会出现某种模式。例如，在3～12个月的时间里，单个股票的异常收益是自相关的。这意味着以前的赢家(在3～12个月的时间范围内衡量)似乎会在接下来的3～12个月内保持赢家的状态。同样，先前的失败者(在同一范围内衡量)似乎仍然是失败者。研究人员发现高动量投资组合和低动量投资组合之间存在着15%的平均年回报率差异。而且目前尚未有太多证据表明这些差异是由风险差异所导致的。

有趣的是，当我们把时间范围从几个月扩展到几年时，动量模式会发生反转。在3～8年的时间里，异常收益的自相关系数为负值。换句话说，在这些较长的时间范围内，先前的赢家反而会成为输家。同样，以前的失败者会成为赢家。

与弱有效的EMH不一致的最后一个例子是股票收益的超前滞后效应。特别是，大型股似乎在几周的时间内"领先"小型股。而且前一周大型股的异常收益与下一周小型股的异常收益之间存在正的自相关关系。

现在我们来看看反对半强EMH的证据。研究人员发现，众所周知的公司特征可用于预测横截面的异常收益。例如，规模和账面市值比(book-market-ratio)似乎比CAPM模型可以更好地预测收益。对于为什么存在这种可预测性的差异，研究人员有不同的看法。例如，法玛将其归因于模型问题，因为我们真的不知道如何衡量风险。换句话说，CAPM并不是衡量风险的合适方法[①]。其他研究人员认为，对这些特征进行分类可以使我们实施可行且有利可图的交易策略。这是逆势或价值投资策略背后的基本思想。基金经理寻找的股票的市场价格相对于

---

① 我们可以认为，如果我们可以衡量市场投资组合或适当地衡量风险溢价，就可以使之与投资组合理论相一致。此时，CAPM将是对风险的精确衡量。但是事实上，我们在CAPM模型中并不能实现，因此，CAPM模型中的β无法很好地预测收益的原因是我们不知道如何正确计算模型的输入值。输入无用的值也将输出无用的值。

某些基本价值(如账面价值)而言较低。例如,它们根据过去的账面/市 170
场比率(book/market ratios)、现金流量/价格(cash-flow/price)、收益/价格(earnings/price)和销售比率的增长(growth in sales ratios)形成投资组合。这个观点是高比率的公司是被市场低估的价值型公司。因此,购买这些公司的股票将为投资者带来高风险调整后的异常收益。

其他市场也存在与市场效率不一致的例子。例如,与尤金·法玛共同获得诺贝尔经济学奖的罗伯特·席勒(Robert Shiller)的研究表明,房地产市场中存在可预测房价的模式。有许多异常现象在这些市场中被用作交易策略的基础。例如,套利交易就是利用外汇市场中明显异常现象的策略的一个例子。

第六节　系统性投资者偏差

在过去的几十年中,金融界出现了两个思想流派。以尤金·法玛为代表的第一个流派认为,市场实际上在所有方面都是有效的。我们看到的收益的可预测性是由不充分的风险模型导致的。而以罗伯特·席勒为代表的第二个流派则认为市场效率不高,非理性的投资者的确会对价格产生影响[1]。

那么哪个是正确的呢? 回想一下,在三种情况下市场将变得高效(价格将不可预测)。第一,所有投资者都是理性的,并且使用例如净现值(NPV)分析来得出证券的价值。第二,投资者的认知偏差是不相关的。同一条新闻使一些投资者变得乐观,而另一些则变得悲观。第三,即使投资者的认知偏差是相关的,也存在一些大型的套利者,他们拥有无限的资金和视野。通过与个人投资者采取相反的操作,他们会将价格推回基本价值。因此,如果我们可以证明市场满足这三个条件中的任何

---

① 诺贝尔奖委员会通过向两位研究人员在同一年授予诺贝尔经济学奖,解决了这一难题。

一个，我们应该更有可能得出这样的结论：市场实际上是有效的，而这些明显的异常现象只是不良模型问题导致的。

171 对比一下我们自己，我们可能就可以排除第一种情况。第二种呢？认知心理学家丹尼尔·卡内曼(Daniel Kahneman)[1]于 2002 年获得了诺贝尔奖[2]，因为他发现人类存在系统性的行为偏差，这些偏差导致他们对信息做出类似的反应。这些偏差的例子包括对信念的偏差，如过度自信、乐观和一厢情愿、代表性、保守主义、确认偏差、锚定和记忆偏见等。在偏好方面也存在偏差，例如模糊厌恶。基于这些和其他偏差，卡内曼·和阿莫斯·特维尔斯基(Amos Tversky)提出了前景理论(prospect theory)。前景理论描述了人们在知道潜在结果的可能性时在涉及风险的备选方案之间进行选择的方式。卡内曼和特维尔斯基认为，人们根据相对于参考点的损失和收益的潜在价值(而不是最终结果)来做出决策，人们使用捷径或试探法来评估这些损失和收益。与 CAPM 不同，前景理论模型是描述性的。它试图模拟人们实际做出选择的方式，而不是模拟投资者的最佳决策。

尽管前景理论很有吸引力，但实际上它与 CAPM 一样，也面临着很多的实际问题。最明显的是，投资者是根据参考点评估选择的，但是如何确定参考点呢？最近的研究提出了一些比较突出的参考点，例如 52 周的高股价，但是由于缺乏实际交易数据，该理论还是很难在实验室之外预测任何事情。总体而言，拒绝第二种情况可能是合理的。

---

① 丹尼尔·卡内曼，1954 年毕业于以色列希伯来大学，获心理学与数学学士学位。2002 年获诺贝尔经济学奖。——译者注

② 他的许多论文是与 1996 年去世的特维尔斯基合作撰写的。遗憾的是，特维尔斯基并未被追授诺贝尔奖。

第七节　套利限制

那第三种情况呢？套利者是否拥有无限的资金和视野，使他们能够将价格推至基本价值？遗憾的是，答案是否定的。问题回到了我们在第六章中讨论过的信息不对称理论中。

大多数套利者都不是用自己的钱投资，而是在管理别人的钱。换句 172
话说，在经典的委托—代理问题中，专业知识和资金是分开的。委托人是投资者，套利者是代理人。委托人正好面对我们在第六章中强调的两个问题：逆向选择和道德风险。数百名基金经理都在争夺委托人的钱。投资者知道其中一些是好的，一些是差的。

现在假设套利者已经确定了利用交易被错误定价股票的绝佳交易策略。他卖空昂贵的证券，并以经典的多空策略买入便宜的替代品。尽管他知道，从长期来看价格会趋同，最终会获得丰厚的利润，但他还是冒着价格在中期会进一步分化的风险。便宜的替代品价格可能也会下降，从而导致他需要追加保证金。同样，价格过高的证券可能会进一步提高上涨，从而导致他不得不第二次追加保证金。如果基金经理没有足够的资金来应对这些潜在的变化，则该头寸将被清算。而这样的情况往往发生在错误定价最严重的时候，也就是说，恰恰是在错误定价最严重时，套利者遭受了最大的损失。

此时，基金经理可以联系投资者并要求追加更多资金吗？问题在于，这个时候，无论是好的还是差的基金经理都说着几乎一样的话。例如，如果好的基金经理告诉他的投资者，这是个非常好的机会，如果给他更多的时间，他们将获得丰厚的回报，那么差的管理人也会告诉他的投资者完全一样的事情。面对无法将两种基金经理区分开的问题，投资者会理性地选择观望。这两个原因都意味着管理人员不愿为纠正错误定价投入过多的资金。因此,潜在的套利机会可能并不会被充分利用。

总之,本章的重点是发人深省的。市场是否有效?回想一下,市场效率由两部分组成:(1)价格必须等于内在价值;(2)没有免费的午餐,即
173 无法持续赚取超额收益。我个人认为第一部分是不正确的。有太多价格不等于内在价值的例子。但是,我认为第二部分是正确的。即使存在系统性偏差和套利限制,仍然没有免费的午餐。

那么,如果价格不等于内在价值,本章其他的理论是否也就毫无用处?当然不是。

第一,这些异常现象大多出现在交易量很少的流动性不足的情况下。换句话说,当有很多投资者参与证券交易定价时,市场效率很高。这对公司战略有着很大的影响。例如,使公司保持一定的曝光度有助于有效地定价该公司的股票。这就是公司寻求分析师关注,甚至愿意从研究机构购买研究以吸引关注的原因之一。此外,研究表明,一旦发现异常情况,随着投资者利用异常情况进行套利,异常现象会迅速降少。

第二,视野很重要。在短期内,价格可能不等于内在价值。但是,大多数公司的决策不是短期内做出的。投资 10 亿英镑工厂的决定可能需要 20～30 年的时间。很难想象企业会在这整个时间内持续被错误定价。在大多数公司财务决策所需的时间范围内,我们可以有把握地假设市场是有效的。

第八章　总结回顾

学习要点

- 全书鸟瞰
- 公司金融里那些我们已知的和未知的

第一节　全书鸟瞰

我们从讨论四种视角开始了这本书的学习之路：公司、个人、金融中介机构和政府。企业需要筹集资金（融资决策），并需要花掉这笔钱（投资决策）；个人需要寻找投资，以最小的风险获得最高的回报，他们还需要确保经理们不会简单地中饱私囊；金融中介机构需要使借款人（公司）与贷款人（投资者）相匹配；最后，政府需要确保该过程是公平的，他们还需要确保不存在有害的外部性，例如，一组人采取的行动不会导致整个系统崩溃。

为了解决这四个方面的问题，我们延伸出六个主要内容。第一个内容是净现值（NPV），它贯穿整本书。净现值决策规则用于确定公司应采取的最佳投资决策。要计算 NPV,我们需要 3 个输入变量。第一个是资产的现金流量。现金流量有 4 种主要类型:一次总付、年金、永久性现金流量和连续复利流量。我们可以使用这 4 个值对财务中的每个现金流量进行估值。第二个(明确的)是折现率。第三个(隐性的)是公司的杠杆水平。

折现率是由投资者而不是公司决定的。投资者使用本书的第二个主要内容——投资组合理论和资本资产定价模型——来确定折现率。
176 投资组合理论背后的重点是,当我们将证券合并到投资组合中时,由于分散投资,一些风险消失了,唯一不会消失的风险是系统性风险。而 CAPM 则告诉了我们该风险的价格。

企业内部杠杆的最佳水平由资本结构理论给出,这是本书的第三个主要内容。在没有税收、律师和破产成本的理想世界中,资本结构理论告诉我们,公司的融资结构并不重要。一旦有了税收、律师和破产成本,资本结构理论告诉我们,企业会在债务的税收抵扣与潜在的破产成本之间进行权衡。这称为权衡理论。另一种资本结构理论则侧重于不对称信息。它告诉我们,由于公司内部资金的不对称信息最少,因此公司在依靠外部现金获得额外资本之前将首先依靠内部现金融资。债务的不对称信息相对较少,因此,在内部融资之后,企业将选择发行债务。最后,发行股票是企业不得已而为之的手段。这被称为啄序理论。这两个故事都解释了资本结构的某些部分,但没有完全解释它们。

但是,企业并不需要进行所有的投资。在许多情况下,它们都有期权。这些期权可能是扩展的期权,也可能是放弃的期权。我们不能使用 NPV 公式来对期权进行估值,而我们的第四个主要内容期权定价理论正好解决了这个问题。期权定价在很大程度上依赖于无套利原则。为任何种类的期权定价都需要构建一个等效的投资组合,该投资组合的收益方式与该期权完全相同。如果你知道今天等效投资组合的价格,我们就会知道期权的价格。

以上四个内容都假设信息是对称的。这意味着每笔交易的每一方都有相同水平的信息。但是，这不是一个现实的假设。本书的最后两个内容——信息不对称理论和市场效率，集中讨论了信息在定价中扮演的角色。信息不对称理论重点分析了各方没有相同水平信息的情况。在这种情况下，情况最糟糕的一方是拥有更多信息和更优质产品的一方。177
信息较少的一方知道他(她)的信息较少，因此只愿意提供平均价格。最有利的一方是信息水平较高且产品质量较差的一方。因此，信息不对称的情况通常涉及一方试图向另一方证明其实际上正在提供优质产品。而他们用来证明其承诺的工具涉及信号和筛选模型。

最后，本书的最后一个主要内容——市场效率，它为金融领域的其他一切内容奠定了基础。市场效率意味着价格等于根据 NPV 公式得出的内在价值。它假定投资者获取了所有可能获取的信息，并将其立即纳入价格中。如果市场效率不高，那么本书之前所提到的六个主要内容就都不重要了。目前，关于市场效率还存在一些争议。一些研究人员认为，市场是完全有效的，非理性的投资者最终将被赶出市场。而也有研究人员认为，非理性的投资者也会帮助定价。解决此问题还需要更多的研究和努力。

第二节　公司金融里那些我们已知的和未知的

其实我们关于公司金融这一领域的现有知识还是十分有限的。例如，我们仍然不知道风险是什么。资本资产定价模型(CAPM)为我们提供了一种讨论风险的理论上可行的方法。但是，目前还是无法通过计量方法来证明 CAPM。研究人员提出了几种可替代的资产定价模型来代替 CAPM。这些方法从计量角度看更精确，但又缺乏理论上的依据；我们不知道企业如何设定资本结构；我们不知道市场是否真的有效；我们不知道行为偏差在确定价格的过程中到底起多大作用。

此外，即使我们确实填补了所有这些研究空白，也必须注意，大多数
金融理论都是孤立地讨论个人和公司的。我们没有花太多时间讨论个
人如何在社会中发挥作用。但是，个人和公司并不是单独存在的。我们
178 一直在影响他人，也一直在受到他人的影响。个人之间的这些联系如何
影响他们的财务决策？这是个全新的研究领域，我们甚至都不知道需要
问什么问题，更不用说给出答案了。有一些研究人员正在研究这样的主
题，但是数据很难获得，研究结果也比较粗糙。希望随着时间的推移和
相关领域研究的进步，这些空白能够得到填补，告诉我们事情的真相。

索　引

（条目后的数字为原书页码）

图书在版编目（CIP）数据

公司金融入门 /（英）拉格范德拉·劳
（Raghavendra Rau）著；张双双，景麟德译．—杭州：
浙江大学出版社，2021.2

书名原文：Short Introduction to Corporate
Finance

ISBN 978-7-308-21108-6

Ⅰ.①公… Ⅱ.①拉… ②张… ③景… Ⅲ.①公司—
金融学 Ⅳ.①F276.6

中国版本图书馆 CIP 数据核字(2021)第 028332 号

公司金融入门

[英]拉格范德拉·劳(Raghavendra Rau) 著
张双双 景麟德 译
贲圣林 肖炜麟 校
李红霞 统筹

策划编辑 吴伟伟
责任编辑 陈逸行 陈 翩
责任校对 马一萍
封面设计 雷建军
出版发行 浙江大学出版社
(杭州市天目山路 148 号 邮政编码 310007)
(网址:http://www.zjupress.com)
排 版 浙江时代出版服务有限公司
印 刷 杭州钱江彩色印务有限公司
开 本 710mm×1000mm 1/16
印 张 12.5
字 数 160 千
版 印 次 2021 年 2 月第 1 版 2021 年 2 月第 1 次印刷
书 号 ISBN 978-7-308-21108-6
定 价 48.00

浙江大学出版社市场运营中心联系方式 (0571)88925591;http://zjdxcbs.tmall.com

Short Introduction to Corporate Finance, ISBN 978-1-107-08980-8 by Raghavendra Rau, first published by Cambridge University Press, 2017

This simplified Chinese edition for the People's Republic of China is published by arrangement with the Press Syndicate of the University of Cambridge, Cambridge, United Kingdom.

著作权合同登记号 图字:11-2020-368